644568

rowohlts monographien

HERAUSGEGEBEN
VON
KURT KUSENBERG

JOHANN WOLFGANG VON GOETHE

IN
SELBSTZEUGNISSEN
UND
BILDDOKUMENTEN

DARGESTELLT
VON
PETER BOERNER

ROWOHLT

Dieser Band wurde eigens für «rowohlts monographien» geschrieben
Die Bibliographie besorgte Helmut Riege, den übrigen Anhang der Autor
Umschlagentwurf Werner Rebhuhn
Vorderseite: Goethe im Jahre 1828. Ölgemälde von Joseph Karl
Stieler (Neue Pinakothek, München)
Rückseite: Goethe am Fenster seiner Wohnung in Rom. Aquarellierte
Tuschzeichnung von Johann Heinrich Wilhelm Tischbein, 1787
(Freies Deutsches Hochstift, Frankfurt am Main)

1.–20. Tausend	November 1964
21.–40. Tausend	Januar 1966
41.–50. Tausend	Januar 1968
51.–58. Tausend	Mai 1969
59.–65. Tausend	Juli 1970
66.–73. Tausend	Januar 1972
74.–80. Tausend	April 1973
81.–85. Tausend	Mai 1974
86.–90. Tausend	Februar 1975

Veröffentlicht im Rowohlt Taschenbuch Verlag GmbH,
Reinbek bei Hamburg, November 1964
© Rowohlt Taschenbuch Verlag GmbH, Reinbek bei Hamburg, 1964
Alle Rechte an dieser Ausgabe vorbehalten
Gesetzt aus der Linotype-Aldus-Buchschrift
und der Palatino (D. Stempel AG)
Gesamtherstellung Clausen & Bosse, Leck/Schleswig
Printed in Germany
580-ISBN 3 499 50100 7

INHALT

1817. Kreidezeichnung von Ferdinand Jagemann

GOETHES SELBSTDARSTELLUNG

Eine auf Goethes eigenen Aussagen beruhende Schilderung seines Lebens darf aus nahezu unermeßlichen Quellen schöpfen. Neben seinen poetischen, wissenschaftlichen und besonders seinen autobiographischen Schriften, darunter *Dichtung und Wahrheit*, der *Italienischen Reise* und der *Kampagne in Frankreich*, besitzen wir von ihm mehr als fünfzehntausend Briefe, Tagebücher aus zweiundfünfzig Jahren seines Lebens und zahlreiche Gesprächsprotokolle Dritter. Wohl nicht zu Unrecht hat man behauptet, daß von keinem anderen Menschen jemals eine ähnliche Fülle authentischer Selbstzeugnisse bekanntgemacht wurde.

Und doch mag es manchmal so scheinen, als ob wir über Goethe kaum mehr wissen als über Dante oder Shakespeare. Wie schon Zeitgenossen den Eindruck gewinnen konnten, sein Wesen sei im Grunde nicht zu beschreiben, weil er ihnen immer wieder «entschlüpfe», so verstummen auch Biographen und Interpreten vielfach vor der Frage nach seinem eigentümlichen Charakter. Nicht zuletzt Goethes Selbstzeugnisse tragen noch zu dieser Unsicherheit bei. Ist es doch offenbar, wie er etwa in *Dichtung und Wahrheit* bedrückende Erlebnisse seiner Kindheit nur vorsichtig andeutete, wie er in Briefen persönliche Dinge bewußt gegenüber den *Bezügen nach außen* zurücktreten ließ, ja wie er mit zunehmenden Jahren fast alles, was seine innerste Existenz berührte, hinter abstrahierenden Maximen zu verschleiern pflegte. So wollte er auch seine dichterischen und autobiographischen Werke durchaus nicht als Bekenntnisse im Sinne Rousseaus, sondern viel zurückhaltender als *Bruchstücke einer großen Konfession* aufgefaßt wissen. Werthers Geschick war eben doch nur ein Teil seines Erlebens, er selbst war niemals ganz Faust und auch niemals Wilhelm Meister. Sieht man von den spontanen Seelenergießungen seiner frühen Briefe und Tagebücher ab, so hat er eigentlich nur einmal den Versuch gemacht, das eigene Wesen zusammenfassend und ohne poetische Verhüllung zu beschreiben. Ein nicht näher bezeichnetes Manuskript aus seinem Nachlaß, das lediglich durch äußere Merkmale auf den Sommer 1797 zu datieren ist, enthält die folgende, wohl als Entwurf zu einer Selbstdarstellung gedachte Charakteristik:

Immer tätiger, nach innen und außen fortwirkender, poetischer Bildungstrieb macht den Mittelpunkt und die Base seiner Existenz. Hat man den gefaßt, so lösen sich alle übrigen anscheinenden Widersprüche. Da dieser Trieb rastlos ist, so muß er, um sich nicht stofflos selbst zu verzehren, sich nach außen wenden und, da er nicht be-

schauend, sondern nur praktisch ist, nach außen ihrer Richtung entgegenwirken. Daher die vielen falschen Tendenzen zur bildenden Kunst, zu der er kein Organ, zum tätigen Leben, wozu er keine Biegsamkeit, zu den Wissenschaften, wozu er nicht genug Beharrlichkeit hat. Da er sich aber gegen alle drei bildend verhält, auf Realität des Stoffs und Gehalts und auf Einheit und Schicklichkeit der Form überall dringen muß, so sind selbst diese falschen Richtungen des Strebens nicht unfruchtbar nach außen und innen. In den bildenden Künsten arbeitete er solange bis er sich den Begriff sowohl der Gegenstände als der Behandlung zu eigen machte und auf den Standpunkt gelangte, wo er sie zugleich übersehen und seine Unfähigkeit dazu einsehen konnte. Seine teilnehmende Betrachtung ist dadurch erst rein geworden. Im Geschäftlichen ist er brauchbar, wenn dasselbe einer gewissen Folge bedarf und zuletzt auf irgendeine Weise ein dauerndes Werk daraus entspringt oder wenigstens unterweges immer etwas Gebildetes erscheint. Bei Hindernissen hat er keine Biegsamkeit, aber er gibt nach oder widersteht mit Gewalt, er dauert aus oder er wirft weg, je nachdem seine Überzeugung oder seine Stimmung es ihm im Augenblicke gebieten. Er kann alles geschehen lassen, was geschieht und was Bedürfnis, Kunst und Handwerk hervorbringen; nur dann muß er die Augen wegkehren, wenn die Menschen nach Instinkt handeln und nach Zwecken zu handeln sich anmaßen. Seitdem er hat einsehen lernen, daß es bei den Wissenschaften mehr auf die Bildung des Geists, der sie behandelt, als auf die Gegenstände selbst ankommt: seitdem hat er das, was sonst nur ein zufälliges unbestimmtes Streben war, hat er dieser Geistestätigkeit nicht entsagt, sondern sie nur mehr reguliert und lieber gewonnen: so wie er sich jenen andern beiden Tendenzen, die ihm teils habituell, teils durch Verhältnisse unerläßlich geworden, sich nicht ganz entzieht, sondern sie nur mit mehr Bewußtsein und in der Beschränkung, die er kennt, gelegentlich ausübt, um so mehr, da das, was eine Geisteskraft mäßig ausbildet, einer jeden andern zustatten kommt. Den besondern Charakter seines poetischen Bildungstriebes mögen andere bezeichnen. Leider hat sich seine Natur sowohl dem Stoff als der Form nach durch viele Hindernisse und Schwierigkeiten ausgebildet und kann erst spät mit einigem Bewußtsein wirken, indes die Zeit der größten Energie vorüber ist. Eine Besonderheit, die ihn sowohl als Künstler als auch als Menschen immer bestimmt, ist die Reizbarkeit und Beweglichkeit, welche sogleich die Stimmung von dem gegenwärtigen Gegenstand empfängt, und ihn also entweder fliehen oder sich mit ihm vereinigen muß. So ist es mit Büchern, mit Menschen und Gesellschaften: er darf nicht lesen, ohne durch das Buch bestimmt zu werden; er ist nicht gestimmt, ohne daß er, die

Richtung sei ihm so wenig eigen als möglich, tätig dagegen zu wir-
ken und etwas Ähnliches hervorzubringen strebt.

Deutete Goethe hier auch offener als in seinen großen autobiographischen Werken auf eine ihn ständig bedrängende innere Unruhe
und Unsicherheit, so hat er dieses Konzept doch vor allem dadurch gekennzeichnet, daß er es als Fragment zurückbehielt. Beinahe scheint
es so, als ob er nicht nur vor anderen Menschen, sondern auch vor
sich selbst nicht weiter gehen wollte. Der letzte Blick ins eigene Ich
rührte für ihn an jene *Geheimnisse des Lebens*, zu deren Vergegenwärtigung sich, wie er noch eine Woche vor seinem Tode an Wilhelm
von Humboldt schrieb, *selten eine Stunde findet*. Trotz vielfacher
Einsichten in die Wandlungen und Stufen seiner Entwicklung blieb
ihm der Kern seiner Existenz im Grunde unfaßbar. In diesem Sinne
gilt auch für unsere hauptsächlich auf seinen eigenen Aussagen fu-
ßende Biographie ein Spruch nach Hiob, den er selbst als Motto über
seinen Aufsatz von der *Bildung und Umbildung organischer Naturen*
stellte:

> «Siehe er geht vor mir über
>   ehe ichs gewahr werde,
> und verwandelt sich
>   ehe ichs merke.»

1749

Aus dem ersten Schema zu «Dichtung und Wahrheit»,
entworfen im Oktober 1809

KINDHEIT UND JUGEND

Johann Wolfgang Goethe, geboren am 28. August 1749 als Bürger
der Freien Reichsstadt Frankfurt am Main, stammte väterlicherseits
aus einer thüringischen Familie von Bauern, Handwerkern und Gast-
wirten, von seiten der Mutter aus einem südwestdeutschen Gelehr-
ten- und Juristengeschlecht. Friedrich Georg Goethe, Schneider aus
Artern im Mansfeldischen, der Vater des Vaters, hatte sich nach Jahren der Wanderschaft in Frankfurt niedergelassen und war hier durch
Einheirat Gastwirt «Zum Weidenhof» geworden. Sein Sohn, Johann
Caspar Goethe, konnte als einziger Erbe eines beträchtlichen Vermö-
gens Rechtswissenschaft studieren und sich auf Bildungsreisen nach
Frankreich und Italien große Kenntnisse erwerben. Nach einem erfolglosen Versuch, eine Stellung im Frankfurter Magistrat zu erhalten,
wußte er sich 1742 durch Kauf den Titel eines Kaiserlichen Rates zu
verschaffen, der ihn zwar den angesehensten Bürgern seiner Vaterstadt gleichstellte, aber auch für immer von öffentlichen Ämtern
ausschloß. Ohne berufliche Verpflichtungen lebte er von seinem
zweiunddreißigsten Jahr an lediglich seinen privaten Studien und
Liebhabereien. 1748 heiratete er Catharina Elisabeth Textor, Tochter des Frankfurter Stadtschultheißen Johann Wolfgang Textor.
Von sechs Kindern, die dem Paar geboren wurden, überlebten allein
zwei, Johann Wolfgang und die um ein Jahr jüngere Cornelia, die
früheste Jugend.

Das Elternhaus Goethes mit dem klangvollen Namen «Zu
den drei Leiern», am Großen Hirschgraben, nur wenige hundert

Goethes Elternhaus nach dem Umbau im Jahre 1755.
Stich nach einer Zeichnung von Friedrich Wilhelm Delkeskamp

Schritte vom Römerberg und von der Hauptwache der Stadt Frankfurt entfernt gelegen, war geprägt von der Lebenshaltung des gebildeten Bürgertums der Zeit. Bei einem 1755 durchgeführten Umbau des Hauses, das ursprünglich aus zwei nebeneinanderliegenden und nur unzulänglich verbundenen Gebäuden bestanden hatte, stellte Goethes Vater ausdrücklich das äußere architektonische Ansehen zugunsten einer *inneren guten und bequemen Einrichtung* zurück. Viel Mühe wandte er auf die Ausstattung seiner Bibliothek und einer Gemäldegalerie mit Werken zeitgenössischer Künstler. Andenken von seinen Reisen schmückten die Zimmer und den weiträumigen Vorsaal. Wie Goethe sich in *Dichtung und Wahrheit* erinnerte, zog dabei *eine Reihe römischer Prospekte* im Stile des Piranesi seinen Blick am meisten auf sich. Mit besonderer Wärme gedachte er auch des Ausblicks vom zweiten Stock des Hauses:

Dort war, wie ich heranwuchs, mein liebster, zwar nicht trauriger, aber doch sehnsüchtiger Aufenthalt. Über jene Gärten hinaus, über Stadtmauern und Wälle sah man in eine schöne fruchtbare Ebene; es ist die, welche sich nach Höchst hinzieht. Dort lernte ich sommerszeit gewöhnlich meine Lektionen, wartete die Gewitter ab, und konnte mich an der untergehenden Sonne, gegen welche die Fenster gerade gerichtet waren, nicht satt genug sehen. Da ich aber zu gleicher Zeit die Nachbarn in ihren Gärten wandeln und ihre Blumen besorgen, die Kinder spielen, die Gesellschaften sich ergötzen sah, die Kegelkugeln rollen und die Kegel fallen hörte: so erregte dies frühzeitig in mir ein Gefühl der Einsamkeit und einer daraus entspringenden Sehnsucht, das, dem von der Natur in mich gelegten Ernsten und Ahndungsvollen entsprechend, seinen Einfluß gar bald und in der Folge noch deutlicher zeigte.

Große Bedeutung maß Goethe seiner Vaterstadt als dem räumlichen und geistigen Hintergrund seiner Jugendentwicklung bei. Mit epischer Breite entwarf er deshalb in den ersten Kapiteln seiner Lebensgeschichte ein getreues Bild der durch bürgerlichen Fleiß und vielfältige Traditionen geprägten *alten Gewerbstadt* mit ihren Straßen, Gassen, Brunnen, Klöstern und Kirchen. Liebevoll beschrieb er den *schönen Fluß*, der *auf- und abwärts meine Blicke nach sich zog*, auch das Leben und Treiben der Bewohner, ihre Tätigkeiten, Feiern und Vergnügungen. Gern verlor sich der Knabe in dem Gewühl um den Dom oder auf dem Römerberg, den er als *angenehmen Spazierplatz* in Erinnerung behielt. Voller Entsetzen dachte er dagegen noch im Alter an den *beschränkten, vollgepfropften und unreinlichen Marktplatz* mit den daranstoßenden *engen und häßlichen Fleischbänken*. Vor solcher in vielen Einzelheiten seit Jahrhunderten unveränderten Szenerie wurde noch im Jahre 1772 die Hinrichtung

Goethes Mutter.
Pastell von Georg Oswald May, 1776

einer Kindsmörderin namens Susanna Margarethe Brandt vollzogen, ein Ereignis, das wohl wesentlich zu Goethes Konzeption der Gretchen-Szenen des *Urfaust* beitrug.

Schwer erscheint es, trotz *Dichtung und Wahrheit*, ein abgeschlossenes Bild von Goethes Vater zu gewinnen. Goethe weist zwar im Zusammenhang mit zahlreichen Einzelereignissen immer wieder auf ihn hin, spricht auch mehrfach von seiner trockenen, pedantischen Art oder seiner *ehernen Strenge* gegen sich selbst und andere, vermeidet aber eine umfassende Charakterisierung. Vielleicht tat er es, weil er in späteren Jahren selbst spürte, wie er dem Vater nicht nur in der äußeren Erscheinung, sondern auch in vielen Fragen seiner Lebensführung, nicht zuletzt seiner betonten Ordnungsliebe, mehr und mehr ähnlich wurde. Vielsagend ließ er das in einem häufig zitierten *Zahmen Xenion* durchblicken:

> *Vom Vater hab ich die Statur,*
> *Des Lebens ernstes Führen...*

Ein Gegengewicht zu der mehr verstandesbetonten Persönlichkeit des Vaters bildete die *von Natur sehr lebhafte und heitere* Mutter. Schon durch ihr Alter – bei Goethes Geburt war sie achtzehn, der Vater fast vierzig Jahre alt – stand sie den heranwachsenden Kindern oft näher als ihrem Gemahl. Ihrer Fähigkeit zum Vermitteln und ihrer Einfühlungsgabe in andere Menschen ist es wohl zu verdanken, daß schwerere Konflikte zwischen Sohn und Vater vermieden werden konnten. Auf ihre *Lust zu fabulieren* führte Goethe später das poetische Element seines Wesens zurück. Nur ahnen können wir allerdings, wie ihre *Frohnatur*, die Goethe in der Erinnerung gern herausstellte, durch manche bittere Lebenserfahrung auf die Probe gestellt wurde. Die Briefe, in denen sie über ihre häuslichen Verhältnisse nach Weimar berichtete, hat Goethe verbrannt. Nach dem Tod ihres Gemahls im Jahre 1782 lebte sie noch fast drei Jahrzehnte in Frankfurt. Nur viermal hat Goethe, der sonst nicht müde wurde, seine Liebe zu ihr zu bezeugen, sie nach seinem Weggang aus dem Elternhaus noch besucht.

Die nächste Vertraute der Jugendjahre Goethes wurde seine Schwester Cornelia. Wie er war sie *ein Wesen, das weder mit sich einig war noch werden konnte*, ohne allerdings gleich ihm die Gabe zu besitzen, sich immer wieder durch spontane Entscheidungen oder poetische Gestaltungen von inneren Zweifeln lösen zu können. Fast jeder seelische Konflikt führte bei ihr zu schwierigen Spannungen. Nach kurzer Ehe mit einem Freund Goethes, dem Juristen Johann Georg Schlosser, starb sie 1777, erst siebenundzwanzig Jahre alt.

Sie, nur ein Jahr jünger als ich, hatte mein ganzes bewußtes Leben mit mir herangelebt und sich dadurch mit mir aufs innigste verbunden... Und so wie in den ersten Jahren Spiel und Lernen, Wachstum und Bildung den Geschwistern völlig gemein war, so daß sie sich wohl für Zwillinge halten konnten, so blieb auch unter ihnen diese Gemeinschaft, dieses Vertrauen bei Entwicklung physischer und moralischer Kräfte. Jenes Interesse der Jugend, jenes Erstaunen beim Erwachen sinnlicher Triebe, die sich in geistige Formen, geistiger Bedürfnisse, die sich in sinnliche Gestalten einkleiden, alle Betrachtungen darüber, die uns eher verdüstern als aufklären, wie ein Nebel das Tal, woraus er sich emporheben will, zudeckt und nicht erhellt, manche Irrungen und Verirrungen, die daraus entspringen, teilten und bestanden die Geschwister Hand in Hand, und wurden über ihre seltsamen Zustände um desto weniger aufgeklärt, als die heilige Scheu der nahen Verwandtschaft sie, indem sie sich einander mehr nähern, ins klare treten wollten, nur immer gewaltiger auseinander hielt.

Ungern spreche ich dies im allgemeinen aus, was ich vor Jahren darzustellen unternahm, ohne daß ich es hätte ausführen können. Da ich dieses geliebte, unbegreifliche Wesen nur zu bald verlor, fühlte ich genugsamen Anlaß, mir ihren Wert zu vergegenwärtigen, und so entstand bei mir der Begriff eines dichterischen Ganzen, in welchem es möglich gewesen wäre, ihre Individualität darzustellen: allein es ließ sich dazu keine andere Form denken als die der Richardsonschen Romane. Nur durch das genaueste Detail, durch unendliche Einzelheiten, die lebendig alle den Charakter des Ganzen tragen und, indem sie aus einer wundersamen Tiefe hervorspringen, eine Ahnung von dieser Tiefe geben; nur

Goethes Schwester Cornelia.
Porträtzeichnung Goethes auf
einem Korrekturbogen der ersten
Ausgabe des «Götz von
Berlichingen», 1773

auf solche Weise hätte es einigermaßen gelingen können, eine Vorstellung dieser merkwürdigen Persönlichkeit mitzuteilen: denn die Quelle kann nur gedacht werden, insofern sie fließt. Aber von diesem schönen und frommen Vorsatz zog mich, wie von so vielen anderen, der Tumult der Welt zurück, und nun bleibt mir nichts übrig, als den Schatten jenes seligen Geistes nur, wie durch Hülfe eines magischen Spiegels, auf einen Augenblick heranzurufen.

Weitgehend in der Hand des Vaters, der von *überhaupt lehrhafter Natur* war, lag die Aufsicht über die sorgfältige Privaterziehung, die Goethe von früher Kindheit an erhielt. Wie es in vornehmen Bürgerhäusern üblich war, wurde er von Hauslehrern unterrichtet, besonders in den Schönen Wissenschaften. Hefte mit lateinischen und griechischen Schülerarbeiten unter dem Titel *Labores Iuveniles*, die sich erhalten haben, zeugen von einer erstaunlichen Fassungsgabe des Knaben. Der Stolz, mit dem der Achtjährige darin einmal vermerkte, er habe die lateinischen Übungen der Primaner des öffentlichen Gymnasiums von sich aus abgeschrieben und übersetzt, hatte sicher einige Berechtigung. Nach den alten Sprachen lernte er Französisch, Englisch und Italienisch, später auch Hebräisch. Der Zehnjährige las Äsop, Homer, Vergil und Ovid ebenso wie «Tausendundeine Nacht», Defoes «Robinson Crusoe» und Schnabels «Insel Felsenburg», aber auch die deutschen Volksbücher vom Eulenspiegel und Doktor Faust, von der schönen Magelone, dem Fortunatus und *der ganzen Sippschaft bis auf den Ewigen Juden*.

Hand in Hand mit der wissenschaftlichen Ausbildung ging eine intensive religiöse Erziehung, die ganz durch das damals in Frankfurt tonangebende aufgeklärte Luthertum bestimmt war. Neben der Teilnahme an den Gottesdiensten gehörte dazu vor allem die tägliche Lektüre der Bibel, des Alten wie des Neuen Testaments. Trotz seiner späteren Lösung von den orthodoxen Formen des Christentums bekannte Goethe noch im Alter, daß er der Bibel einen großen Teil seiner geistigen Bildung verdanke. Wie konservativ allerdings die religiösen Einstellungen seines Vaters waren, zeigt die Tatsache, daß er eine Lektüre von Klopstocks «Messias» nicht duldete. Heimlich lasen Goethe und seine Schwester das Werk, das einen *unvergeßlichen Eindruck* auf sie machte.

Große Bedeutung für die geistige Entwicklung Goethes gewann das Erdbeben von Lissabon am 1. November 1755, das als eine der gewaltigsten Naturkatastrophen des Jahrhunderts in die Geschichte einging. Obgleich ihm später bei der Abfassung von *Dichtung und Wahrheit* daran lag, die Wirkung hemmender Erlebnisse so stark als möglich abzuschwächen, klingt doch selbst dort noch eindringlich nach, wie sehr die Nachrichten von dem *außerordentlichen Weltereignis seine Gemütsruhe zum erstenmal im tiefsten erschütterten*:

Schneller als die Nachrichten hatten schon Andeutungen von diesem Vorfall sich durch große Landstrecken verbreitet; an vielen Orten waren schwächere Erschütterungen zu verspüren, an manchen Quellen, besonders den heilsamen, ein ungewöhnliches Innehalten zu bemerken gewesen: um desto größer war die Wirkung der Nachrichten selbst, welche erst im allgemeinen, dann aber mit schrecklichen Einzelheiten sich rasch verbreiteten. Hierauf ließen es die Gottesfürchtigen nicht an Betrachtungen, die Philosophen nicht an Trostgründen, an Strafpredigten die Geistlichkeit nicht fehlen. So vieles

Goethes Vater.
Aquarellminiatur von Georg
Friedrich Schmoll, 1774

zusammen richtete die Aufmerksamkeit der Welt eine Zeitlang auf
diesen Punkt, und die durch fremdes Unglück aufgeregten Gemüter
wurden durch Sorgen für sich selbst und die Ihrigen um so mehr geängstigt, als über die weitverbreitete Wirkung dieser Explosion von
allen Orten und Enden immer mehrere und umständlichere Nachrichten einliefen. Ja vielleicht hat der Dämon des Schreckens zu keiner
Zeit so schnell und so mächtig seine Schauer über die Erde verbreitet.

Der Knabe, der alles dieses wiederholt vernehmen mußte, war
nicht wenig betroffen. Gott, der Schöpfer und Erhalter Himmels und
der Erden, den ihm die Erklärung des ersten Glaubensartikels so weise und gnädig vorstellte, hatte sich, indem er die Gerechten mit den
Ungerechten gleichem Verderben preisgab, keineswegs väterlich be-
wiesen. Vergebens suchte das junge Gemüt sich gegen diese Eindrücke herzustellen, welches überhaupt um so weniger möglich war,

17

Frankfurt von Süden.
Kolorierter Kupferstich von Johann Jakob Koller, 1777

als die Weisen und Schriftgelehrten selbst sich über die Art, wie man ein solches Phänomen anzusehen habe, nicht vereinigen konnten.

Neben die religiöse Erschütterung traten zeitgeschichtliche Ereignisse, die auf Goethe einen nachhaltigen Eindruck machten. Als 1756 der Siebenjährige Krieg zwischen Preußen und Österreich ausbrach und die Welt *sich nicht nur als Zuschauer, sondern auch als Richter aufgefordert* fand, spürte er zum erstenmal die Auswirkungen der allgemeinen politischen Verhältnisse auf sein eigenes Leben:

Wie mir in meinem sechsten Jahre, nach dem Erdbeben von Lissabon, die Güte Gottes einigermaßen verdächtig geworden war, so fing ich nun, wegen Friedrichs des Zweiten, die Gerechtigkeit des Publikums zu bezweifeln an. Mein Gemüt war von Natur zur Ehrerbietung geneigt, und es gehörte eine große Erschütterung dazu, um meinen Glauben an irgendein Ehrwürdiges wanken zu machen. Leider hatte man uns die guten Sitten, ein anständiges Betragen, nicht um ihrer selbst, sondern um der Leute willen anempfohlen; was die Leute

sagen würden, hieß es immer, und ich dachte, die Leute müßten auch rechte Leute sein, würden auch alles und jedes zu schätzen wissen. Nun aber erfuhr ich das Gegenteil. Die größten und augenfälligsten Verdienste wurden geschmäht und angefeindet, die höchsten Taten wo nicht geleugnet doch wenigstens entstellt und verkleinert; und ein so schnödes Unrecht geschah dem einzigen, offenbar über alle seine Zeitgenossen erhabenen Manne, der täglich bewies und dartat was er vermöge; und dies nicht etwa vom Pöbel, sondern von vorzüglichen Männern, wofür ich doch meinen Großvater und meine Oheime zu halten hatte. Daß es Parteien geben könne, ja daß er selbst zu einer Partei gehörte, davon hatte der Knabe keinen Begriff... Bedenke ich es aber jetzt genauer, so finde ich hier den Keim der Nichtachtung, ja der Verachtung des Publikums, die mir eine ganze Zeit meines Lebens anhing und nur spät durch Einsicht und Bildung ins gleiche gebracht werden konnte.

Die Meinungsverschiedenheiten zwischen dem österreichisch eingestellten Großvater Textor und dem zu Preußen neigenden Vater führten zu Spannungen und bald zum offenen Bruch innerhalb der Familie. Ohne auf die politischen Fragen selbst einzugehen, trat Goethe, angezogen von der Persönlichkeit des preußischen Königs, auf die Seite seines Vaters: *Und so war ich denn auch preußisch, oder um richtiger zu reden, Fritzisch gesinnt: denn was ging uns Preußen an.*

In den unmittelbaren Einfluß des Krieges geriet Frankfurt, als die Stadt im Januar 1759 von den mit Österreich verbündeten Franzosen überrumpelt und besetzt wurde. In den unteren Stockwerken des Goetheschen Hauses quartierte sich, für fast zweieinhalb Jahre, der leitende Beamte der französischen Zivilverwaltung, Königsleutnant Graf François de Thoranc, ein. Trotz mancher Mißhelligkeiten mit seinem Quartierherrn kam er dessen Sohn mit väterlicher Freundschaft entgegen. Goethe dankte ihm im Alter durch eine achtungsvolle Charakteristik in *Dichtung und Wahrheit*. Besonders gedachte er dabei der Kunstliebhaberei des Grafen, der mehrere in niederländischer Manier arbeitende Frankfurter und Darmstädter Maler, darunter Johann Konrad Seekatz, mit umfangreichen Aufträgen bedachte. Dadurch, daß er die meisten Bilder im Hause selbst ausführen ließ, wurde Goethe früh und aus nächster Nähe mit dem Erlebniskreis der bildenden Kunst bekannt.

Ein anderes bedeutendes Ereignis, das die Besetzung Frankfurts für Goethe brachte, war eine gastierende französische Schauspieltruppe, deren Aufführungen er regelmäßig besuchen durfte. Als Elfjähriger wurde er nicht nur mit den Stücken Racines und Molières vertraut, sondern kam auch persönlich mit der Welt der Schauspieler in Berührung. An sein damals lebendiger werdendes Interesse für das Theater, das schon früher durch eine Puppenbühne angeregt worden war, erinnern noch manche Szenen in *Wilhelm Meisters Theatralischer Sendung*.

Wohl in die Zeit der französischen Besatzung Frankfurts fallen auch bereits häufigere poetische Versuche Goethes. Die Schlußzeilen eines gereimten Neujahrswunsches, den er schon 1757 seinen Großeltern Textor überreicht hatte, begannen sich zu erfüllen.

Dies sind die Erstlinge, die Sie anheut empfangen
Die Feder wird hinfort mehr Fertigkeit erlangen

Mit großer Leichtigkeit entwarf Goethe seit dem Jahre 1759, zum Teil im Wettstreit mit seinen Altersgenossen, zahlreiche Gedichte. An seinem dreizehnten Geburtstag konnte er dem Vater den ersten Quartband mit eigenen Poesien überreichen. Erhalten hat sich von diesen Versuchen allerdings nicht viel. Nur einige Bruchstücke zu *Poetischen Gedanken über die Höllenfahrt Jesu Christi* und Fragmente eines Dramas, das im Stil der biblischen Barockschauspiele den Sturz Belsazars, des für seinen Gottesfrevel so furchtbar gestraften Königs von Babylon, behandeln sollte, entgingen späteren Autodafés.

Durch seine poetische Gabe kam Goethe nach seiner eigenen Erinnerung auch zum erstenmal in persönliche Verwicklungen, als ihn nämlich eine Gesellschaft von jungen Leuten zur Abfassung von erdachten Briefwechseln inspirierte und diese dann, zwar ohne sein Wissen, zu betrügerischen Zwecken benutzte. Ein Mädchen dieses Kreises, von Goethe in *Dichtung und Wahrheit* unter dem Namen Gretchen eingeführt, gewann die Zuneigung des Vierzehnjährigen. Als sie bei einer gerichtlichen Untersuchung der Affäre dann allerdings zu Protokoll gab, sie habe ihn eigentlich nicht ernst genommen, löste er sich schnell von ihr: *Ich fand es unerträglich, daß ein Mädchen, höchstens ein paar Jahre älter als ich, mich für ein Kind halten sollte, der ich doch für einen ganz gescheiten und geschickten Jungen zu gelten glaubte.* Den Hintergrund für diese aus Erlebtem und Erdichtetem kunstvoll verbundene Episode gibt in *Dichtung und Wahrheit* die Krönung Josephs des Zweiten zum Römischen Kaiser im April 1764. Die dort bis ins Detail ausgeführten Schilderungen lassen noch ahnen, welchen Eindruck dieses farbenprächtige Schauspiel *religiös-politischer Feierlichkeiten* auf den unmittelbar Zuschauenden machte.

Goethe im Alter von sechzehn Jahren.
Ölbild von Anton Johann Kern

STUDIENJAHRE

Mit sechzehn Jahren war Goethe für das akademische Studium vorbereitet. Hätte er seiner eigenen Neigung folgen dürfen, so wäre er nach Göttingen gegangen, um sich dort den Altertumswissenschaften zu widmen. Sein Vater bestand jedoch darauf, daß die Universität in Leipzig, die er selbst besucht hatte, gewählt wurde. Nach seinen Plänen sollte der Sohn Jura studieren, in Leipzig oder an einer zweiten Universität promovieren und einmal die Laufbahn eines hohen Verwaltungsjuristen einschlagen.

Mit dem Gefühl *eines Gefangenen, der seine Ketten abgelöst hat* und mit einem ansehnlichen Jahreswechsel versehen traf Goethe am 3. Oktober 1765 in Leipzig ein. Die Messestadt, geprägt durch eine *kurz vergangene, von Handelstätigkeit, Wohlhabenheit, Reichtum zeugende Epoche* und ganz vom Geist des Rokoko erfüllt, machte einen nachhaltigen Eindruck auf den in so viel engeren, reichsstädtischen Grenzen aufgewachsenen Patriziersohn. Er ließ sich von den neuen Einflüssen mitreißen und wandelte sich zum Schöngeist, der *große Figur* machte.

Auf die anfängliche Begeisterung folgten Enttäuschungen. Weder die Vorlesungen in der Jurisprudenz noch in den Schönen Wissenschaften konnten Goethe auf die Dauer fesseln. Gellert, dessen Kolleg er voll Interesse entgegengesehen hatte, verlor die Achtung des Studenten nicht allein durch seine weinerliche Vortragsweise, sondern besonders durch die Tatsache, daß er keines der damals jungen Talente, weder Klopstock noch Wieland oder Lessing erwähnte. Gottsched, ehemals der Praeceptor Germaniae, war durch seine Gefallsucht bereits Ziel des öffentlichen Spotts geworden. Zu alledem mußte Goethe die Erfahrung machen, daß seine neuen Bekannten weder seine Parteinahme für den König von Preußen teilten noch seine eigenen Gedichte anerkennen wollten. In einem Brief an seinen Frankfurter Freund Johann Jakob Riese zeichnete er ein poetisches Bild seiner Ernüchterung:

> *Ich fühlte nicht, daß keine Schwingen mir*
> *Gegeben waren, um empor zu rudern.*
> *Und auch vielleicht, mir von der Götter Hand,*
> *Niemals gegeben werden würden. Doch*
> *Glaubt ich, ich hab sie schon und könnte fliegen.*
> *Allein kaum kam ich her, als schnell der Nebel*
> *Von meinen Augen sank, als ich den Ruhm*
> *Der großen Männer sah, und erst vernahm,*
> *Wie viel dazu gehörte, Ruhm verdienen.*
> *Da sah ich erst, daß mein erhabner Flug,*
> *Wie er mir schien, nichts war als das Bemühn*
> *Des Wurms im Staube, der den Adler sieht,*
> *Zur Sonn sich schwingen und wie der hinauf*
> *Sich sehnt. Er sträubt empor, und windet sich,*
> *Und ängstlich spannt er alle Nerven an*
> *Und bleibt am Staub. Doch schnell entsteht ein Wind,*
> *Der hebt den Staub in Wirbeln auf, den Wurm*

Leipzig. Stadtansicht von Süden.
Kupferstich von Johann August Roßmäßler, 1778

> *Erhebt er in den Wirbeln auch. Der glaubt*
> *Sich groß, dem Adler gleich, und jauchzet schon*
> *Im Taumel. Doch auf einmal zieht der Wind*
> *Den Odem ein. Es sinkt der Staub hinab,*
> *Mit ihm der Wurm. Jetzt kriecht er wie zuvor.*

Hilfe und Beratung in seinen Unsicherheiten fand Goethe bei dem Hofmeister eines in Leipzig studierenden Grafen, Ernst Wolfgang Behrisch. Dieser eigenwillige Mann, den er später einen der *wunderlichsten Käuze, die es auf der Welt geben kann,* nannte, verstand es, immer wieder seine *Unruhe und Ungeduld zu zähmen.* Durch einen sicheren Geschmack und große literarische Kenntnisse wurde Behrisch zugleich der erste kritische Leser seiner poetischen Versuche. Von Goethes damals im Stile der Anakreontik verfaßten Gedichten ließ er zwar nur wenige gelten, stellte diese aber in einer kalligraphischen Niederschrift, dem Liederbuch *Annette,* zusammen und sorgte so für ihre Erhaltung. Neben Behrisch kamen Goethe besonders zwei Leipziger Künstler, Johann Michael Stock und Adam Friedrich Oeser, entgegen. Bei Stock nahm er Unterricht im Radieren und Kupferstechen, bei Oeser lernte er zeichnen. Oeser, der mit Winckelmann befreundet war, machte ihn mit den Kunstgesinnungen des Klassizismus bekannt und verleidete ihm zum ersten Male das *Schörkel- und Muschelwesen* des Rokoko.

Schließlich brachte Leipzig dem Siebzehnjährigen die erste wirk-

liche Leidenschaft seines Lebens. In dem Schönkopfschen Weinhaus, wo er seit 1766 seinen Mittagstisch hatte, wurde er mit der Tochter der Wirtsleute, Anna Katharina, genannt Käthchen, *einem gar hübschen, netten Mädchen*, bekannt und verliebte sich in sie mit dem Ungestüm seines Temperaments. Durch *ungegründete und abgeschmackte Eifersüchteleien* belastete er jedoch immer wieder das Verhältnis, das zu guter Letzt mit einer freundschaftlichen Trennung endete. In seinem ersten vollendeten Schauspiel, der *Laune des Verliebten*, das der Form und dem Inhalt nach auf die Schäferstücke des Rokoko zurückgeht, zeichnete er selbst den Drang seiner *siedenden Leidenschaft*. Wie es ihm bereits damals zum Bedürfnis wurde, sich durch poetische Gestaltungen von dem, was ihn innerlich beschäftigte, zu befreien, deutete er in *Dichtung und Wahrheit* an:

Und so begann diejenige Richtung, von der ich mein ganzes Leben über nicht abweichen konnte, nämlich dasjenige was mich erfreute oder quälte, oder sonst beschäftigte, in ein Bild, ein Gedicht zu verwandeln und darüber mit mir selbst abzuschließen, um sowohl meine Begriffe von den äußern Dingen zu berichtigen, als mich im Innern deshalb zu beruhigen. Die Gabe hierzu war wohl niemand nötiger als mir, den seine Natur immerfort aus einem Extreme in das andere warf. Alles was daher von mir bekannt geworden, sind nur Bruchstücke einer großen Konfession, welche vollständig zu machen dieses Büchlein ein gewagter Versuch ist.

Am Ende seiner dreijährigen Studienzeit in Leipzig geriet Goethe

Susanna Katharina von Klettenberg in Nonnentracht.
Miniaturgemälde, angebliches Selbstbildnis

in eine ernste Krise. Der ständige Wechsel von Zerstreuungen und Studien hatte bei ihm zu einer starken seelischen Belastung geführt, die sich schließlich in einem physischen Zusammenbruch löste. Ein Blutsturz warf ihn im Juli 1768 so schwer nieder, daß er mehrere Tage *zwischen Leben und Tod* schwankte. *Gleichsam als ein Schiffbrüchiger* kehrte er in die Vaterstadt zurück. Fast anderthalb Jahre dauerte es dann noch, bis er sich hier vollkommen erholte und vor allem die quälende Befürchtung, er habe die Schwindsucht, verlor. Unter dem Einfluß einer Freundin seiner Mutter, Susanna Katharina von Klettenberg, begann er damals, sich intensiv mit mystischen und pietistischen Schriften, darunter Gottfried Arnolds «Kirchen- und Ketzerhistorie» zu befassen. Besonders war es aber die Persönlichkeit seiner Mentorin, einer Anhängerin der Herrnhuter Brüdergemeine, die auf ihn wirkte. Ihr Zuspruch verhalf ihm dazu, sich von seiner Leipziger Unrast zu lösen:

Meine Unruhe, meine Ungeduld, mein Streben, mein Suchen, Forschen, Sinnen und Schwanken legte sie auf ihre Weise aus, und verhehlte mir ihre Überzeugung nicht, sondern versicherte mir unbewunden, das alles komme daher, weil ich keinen versöhnten Gott habe. Nun hatte ich von Jugend auf geglaubt, mit meinem Gott ganz gut zu stehen, ja ich bildete mir, nach mancherlei Erfahrungen, wohl ein, daß er gegen mich sogar im Rest stehen könne, und ich war kühn genug zu glauben, daß ich ihm einiges zu verzeihen hätte. Dieser Dünkel gründete sich auf meinen unendlich guten Willen, dem er, wie mir schien, besser hätte zu Hilfe kommen sollen. Es läßt sich denken, wie oft ich und meine Freundin hierüber in Streit gerieten, der sich doch immer auf die freundlichste Weise und manchmal, wie meine Unterhaltung mit dem alten Rektor, damit endigte: daß ich ein närrischer Bursche sei, dem man manches nachsehen müsse.

Neben Susanna von Klettenberg trug ein Arzt, Johann Friedrich Metz, der viele Erkenntnisse der modernen Homöopathie zu beherrschen schien, nicht nur wesentlich zur körperlichen, sondern auch zur seelischen Gesundung Goethes bei. Unter seiner Anleitung vertiefte Goethe sich in die Schriften des Paracelsus, Wellings «Opus mago-cabbalisticum et theosophicum» und unternahm selbst alchimistische Versuche. Sein Interesse für die Erforschung von Naturvorgängen wurde geweckt. Bezeichnend für seine Haltung in dieser Zeit, sowohl für seine Hinwendung zu pietistischen Zirkeln als auch sein erwachendes Interesse an der Natur, ist ein Brief, den er im Februar 1769 an Friederike Oeser, die Tochter seines Leipziger Zeichenlehrers, schrieb:

O. meine Freundin. das Licht ist die Wahrheit. doch die Sonne ist nicht die Wahrheit, von der doch das Licht quillt. Die Nacht ist Unwahrheit. Und was ist Schönheit? Sie ist nicht Licht und nicht Nacht. Dämmerung; eine Geburt von Wahrheit und Unwahrheit. Ein Mittelding. In ihrem Reiche liegt ein Scheideweg, so zweideutig, so schielend, ein Herkules unter den Philosophen könnte sich vergreifen. Ich will abbrechen; wenn ich in diese Materie komme, da werd' ich zu ausschweifend und doch ist sie meine Lieblingsmaterie ...

Meine gegenwärtige Lebensart ist der Philosophie gewidmet. Eingesperrt, allein, Zirkel, Papier, Feder und Tinte, und zwei Bücher, mein ganzes Rüstzeug. Und auf diesem einfachen Wege komme ich in der Erkenntnis der Wahrheit oft so weit, und weiter, als andere mit ihrer Bibliothekar-Wissenschaft. Ein großer Gelehrter ist selten ein großer Philosoph. Und wer mit Mühe viel Bücher durchblättert hat, verachtet das leichte einfältige Buch der Natur, und es ist doch nichts wahr als was einfältig ist.

Gegen Ostern 1770 verließ Goethe das Vaterhaus zum zweiten Male, um in Straßburg sein abgebrochenes Studium zu beenden. Die anderthalb Jahre, die er dort blieb, brachten ihm, wie keine andere Periode seines Lebens, einen Neubeginn in allem, was er tat, erlebte und schrieb. Bereits am Tag seiner Ankunft überwältigte ihn der Anblick des Münsters. Als einer der wenigen seiner Zeit vermochte der Zwanzigjährige die Größe der damals noch weithin als barbarisch verschrienen gotischen Architektur zu erkennen. Noch in dem zwei Jahre später niedergeschriebenen Hymnus *Von deutscher Baukunst* hielt er die Stimmung des ersten Eindrucks fest:

Mit welcher unerwarteten Empfindung überraschte mich der Anblick, als ich davor trat! Ein ganzer, großer Eindruck füllte meine Seele, den, weil er aus tausend harmonierenden Einzelnheiten bestand, ich wohl schmecken und genießen, keineswegs aber erkennen und erklären konnte. Sie sagen, daß es also mit den Freuden des Himmels sei, und wie oft bin ich zurückgekehrt, diese himmlisch-irdische Freude zu genießen, den Riesengeist unsrer ältern Brüder in ihren Werken zu umfassen. Wie oft bin ich zurückgekehrt, von allen Seiten, aus allen Entfernungen, in jedem Lichte des Tags, zu schauen seine Würde und Herrlichkeit. Schwer ist's dem Menschengeist, wenn seines Bruders Werk so hoch erhaben ist, daß er nur beugen und anbeten muß. Wie oft hat die Abenddämmerung mein durch forschendes Schauen ermattetes Aug mit freundlicher Ruhe geletzt, wenn durch sie die unzähligen Teile zu ganzen Massen schmolzen, und nun diese, einfach und groß, vor meiner Seele standen, und meine Kraft sich wonnevoll entfaltete, zugleich zu genießen und zu erkennen. Da offenbarte sich mir, in leisen Ahndungen, der Genius des großen Werkmeisters.

Nach dem ersten Gewahrwerden der *herrlichen Landschaft des Elsaß* war Goethes Leben in Straßburg durch ein intensives und ernsthaftes Studieren bestimmt. Statt sich allerdings auf die Jurisprudenz zu konzentrieren, zu der ihn *keine innere Richtung drängte*, hörte er vornehmlich medizinische und staatswissenschaftliche Vorlesungen. Daneben beschäftigte er sich mit einer Vielfalt von historischen, philosophischen, theologischen und naturwissenschaftlichen Fragen. Die von ihm damals in einem Merkheft festgehaltenen Titel gelesener oder zur Lektüre vorgesehener Bücher reichen von Sokrates und Platon, Paracelsus, Thomas a Kempis und Justinian bis zu Rousseau und Moses Mendelssohn. An einen Frankfurter Bekannten, der ihn um Ratschläge für sein künftiges Studium gebeten hatte, schrieb er im August 1770:

Sie gehen auf Akademien; das erste, was Sie finden, sind hundert Leute wie ich. «Er war doch also nicht allein!» denken Sie und gehen

Das Straßburger Münster.
Stich aus Goethes Besitz

Goethe im Alter von etwa 22 Jahren.
Schattenriß von unbekannter Hand

weiter und finden hundert bessere als mich. Sie messen mich nach
dem neuen Maßstab, finden allerlei Fehler und dann bin ich verloren.
Einen, den man vollkommen gehalten hat und an einer Seite mangel-
haft findet, beurteilt man nicht leichte mit Billigkeit.

Unsre Eitelkeit ist dabei im Spiele, wir haben uns betrogen und
wollen es nicht Wort haben und tun uns die Ehre an zu glauben, daß
wir betrogen worden sind; damit werfen wir alle Schuld, Verdruß
und eine Art von Haß auf einen Unglücklichen, der doch gar keinen
Teil daran hat, daß ihn unsre Übereilung für etwas ansah, für das er
nicht angesehen zu sein verlangte.

Überhaupt, um die Welt recht zu betrachten (wozu Sie doch auch
Lust bezeugen), muß man sie weder für zu schlimm, noch zu gut halten; Liebe und Haß sind gar nah verwandt und beide machen uns
trüb sehen.

Es fehlt nicht viel, so fang ich an zu wäschen. Die Mittelstraße zu
treffen, wollen wir nicht verlangen, so lang wir jung sind. Lassen Sie

30

uns unser Tagewerk verrichten und den Alten nicht in das Handwerk pfuschen.

Die Sachen anzusehen, so gut wir können, sie in unser Gedächtnis schreiben, aufmerksam zu sein und keinen Tag, ohne etwas zu sammeln, vorbeigehen lassen. Dann, jenen Wissenschaften obliegen, die dem Geist eine gewisse Richte geben, Dinge zu vergleichen, jedes an seinen Platz zu stellen, jedes Wert zu bestimmen (eine echte Philosophie mein ich und eine gründliche Mathesin), das ists, was wir jetzo zu tun haben.

Dabei müssen wir nichts sein, sondern alles werden wollen, und besonders nicht öfter stille stehen und ruhen, als die Notdurft eines müden Geistes und Körpers erfordert.

Ich weiß wohl, daß es uns beiden nicht jederzeit aufgeräumt ist, zu tun, was wir sollen; aber wenn man ein wenig seinen Vorteil kennt und Kräfte hat, so erweckt eine edle Empfindung leicht den Mut wieder. Die Morgenträgheit ist balde weg, wenn man sich nur einmal überwunden hat, den Fuß aus dem Bette zu setzen.

Was Goethe in einem solchen Brief einem anderen empfahl, verlangte er allerdings auch von sich selbst. Ja, die Aufforderung zur Selbsterziehung *Wir müssen nichts sein, sondern alles werden wollen,* die er von hier bis zum *Faust* und zum *Wilhelm Meister* immer wieder aussprach und fast mit den gleichen Worten noch 1830 gegenüber Kanzler von Müller wiederholte *Man muß sich immerfort verändern, erneuen, verjüngen, um nicht zu verstocken,* führte in Straßburg zu extremen Bemühungen: um ein Gefühl des Schwindels, das ihn seit seiner Krankheit manchmal überkam, zu überwinden, pflegte er bis in die höchste Spitze des Münsterturms zu steigen; starken Schall, der ihm zuwider war, lernte er ertragen, indem er beim Zapfenstreich neben den Trommlern herlief, und in der Anatomie versuchte er, sich trotz eines angeborenen Ekelgefühls an den *widerwärtigsten Anblick* zu gewöhnen.

Wie in Leipzig fand Goethe auch in Straßburg bald nahe Freunde. An einem gemeinsamen Mittagstisch kam er mit dem pietistisch eingestellten Schriftsteller und Arzt Jung-Stilling, mit Jakob Michael Reinhold Lenz und mit dem Theologen Franz Christian Lersé zusammen. Das für ihn folgenreichste Erlebnis wurde jedoch die Begegnung mit Herder, der durch eine Augenkrankheit gezwungen war, in Straßburg eine Reise für mehrere Monate zu unterbrechen. Noch später, längst nach dem endgültigen Bruch mit dem im Alter gallig werdenden Mann, zeichnete Goethe voll Dank für die Anregungen, die er von ihm erfahren hatte, das Bild der ersten Bekanntschaft:

Die Einwirkung dieses gutmütigen Polterers war groß und bedeutend. Er hatte fünf Jahre mehr als ich, welches in jüngeren Ta-

Johann Gottfried Herder.
Ölgemälde von Johann Ludwig
Strecker aus dem Jahre 1775

gen schon einen großen Unterschied macht; und da ich ihn für das anerkannte was er war, da ich dasjenige zu schätzen suchte was er schon geleistet hatte, so mußte er eine große Superiorität über mich gewinnen. Aber behaglich war der Zustand nicht: denn ältere Personen, mit denen ich bisher umgegangen, hatten mich mit Schonung zu bilden gesucht, vielleicht auch durch Nachgiebigkeit verzogen; von Herdern aber konnte man niemals eine Billigung erwarten, man mochte sich anstellen wie man wollte. Indem nun also auf der einen Seite meine große Neigung und Verehrung für ihn, und auf der andern das Mißbehagen, das er in mir erweckte, beständig miteinander im Streit lagen, so entstand ein Zwiespalt in mir, der erste in seiner Art, den ich in meinem Leben empfunden hatte. Da seine Gespräche jederzeit bedeutend waren, er mochte fragen, antworten oder sich sonst auf eine Weise mitteilen, so mußte er mich zu neuen Ansichten täglich, ja stündlich befördern. In Leipzig hatte ich mir eher ein enges und abgezirkeltes Wesen angewöhnt, und meine allgemeinen Kenntnisse der deutschen Literatur konnten durch meinen Frankfurter Zustand nicht erweitert werden; ja mich hatten jene mystisch-religiösen chemischen Beschäftigungen in dunkle Regionen geführt, und was seit einigen Jahren in der weiten literarischen Welt vorgegangen, war mir meistens fremd geblieben. Nun wurde ich auf einmal durch Herder mit allem neuen Streben und mit allen den Richtungen bekannt, welche dasselbe zu nehmen schien. Er selbst hatte sich schon genugsam berühmt gemacht, und durch seine «Fragmente», die «Kritischen Wälder» und anderes unmittelbar an die Seite der vorzüglichsten Männer gesetzt, welche seit längerer Zeit die Augen des Vaterlandes auf sich zogen. Was in einem solchen Geiste für eine Bewegung, was in einer solchen Natur für eine Gärung müsse gewesen sein, läßt sich weder fassen noch darstellen. Groß aber war gewiß das eingehüllte Streben, wie man leicht eingestehen wird, *wenn man bedenkt, wie viele Jahre nachher, und was er alles gewirkt und geleistet hat.*

Durch Herder gewann Goethe nicht nur endgültig Abstand von allem Rokokohaften, sondern wurde mit der antirationalistischen, sibyllinischen Gedankenwelt Hamanns bekannt. Herder begeisterte ihn für die Unermeßlichkeit Shakespeares, wies ihn auf Ossian und Pindar und öffnete ihm den Blick für die Volkspoesie, in der er «die ältesten Urkunden» dichterischer Gestaltungskraft erkannte. *Ich ward mit der Poesie von einer ganz andern Seite, in einem andern Sinne bekannt als bisher, und zwar in einem solchen, der mir sehr zusagte.*

Das Gegengewicht zu solchen intellektuellen Anregungen fand Goethe in einer neuen Liebe. Etwa einen Monat nach der Begegnung mit Herder wurde er in Sesenheim, einem nur wenige Stunden von Straßburg entfernten Ort, mit der Familie des Pfarrers Johann Jakob Brion bekannt. Die Geschichte seines ersten Rittes von Straßburg her, die Erinnerung an die Begrüßung durch den gastfreien Landgeistlichen, schließlich die Beschreibung der zwei liebenswürdigen Töchter des Hauses, das alles gehört zu den zartesten, poetischanschaulichsten Teilen von *Dichtung und Wahrheit*. Die jüngere der beiden Schwestern, Friederike, erschien Goethe als ob *fürwahr an diesem ländlichen Himmel ein allerliebster Stern* aufginge. Bereits nach dem ersten Besuch schrieb er ihr am 15. Oktober 1770 von Straßburg aus. Der Entwurf dieses Briefes ist das einzige unmittelbare Zeugnis seiner Freundschaft mit Friederike Brion, das sich erhalten hat.

Liebe neue Freundin,

ich zweifle nicht, Sie so zu nennen, denn wenn ich mich anders nur ein klein wenig auf die Augen verstehe, so fand mein Aug im ersten Blick die Hoffnung zu dieser Freundschaft in Ihrem, und für unsre Herzen wollt ich schwören. Sie, zärtlich und gut, wie ich Sie kenne, sollten Sie mir, da ich Sie so lieb habe, nicht wieder ein bißchen günstig sein?

Liebe, liebe Freundin,

ob ich Ihnen was zu sagen habe, ist wohl keine Frage; ob ich aber just weiß, warum ich eben jetzo schreiben will und was ich schreiben möchte, das ist ein anders; soviel merk ich an einer gewissen innerlichen Unruhe, daß ich gerne bei Ihnen sein möchte; und in dem Falle ist ein Stückchen Papier so ein wahrer Trost, so ein geflügeltes Pferd für mich, hier, mitten in dem lärmenden Straßburg, als es Ihnen, in Ihrer Ruhe, nur sein kann, wenn Sie die Entfernung von Ihren Freunden recht lebhaft fühlen.

Die Umstände unserer Rückreise können Sie sich ohngefähr vorstellen, wenn Sie mir beim Abschiede ansehen konnten, wie leid er mir tat ...

Der Pfarrhof in Sesenheim.
Rötelzeichnung Goethes,
1770/71

Endlich langten wir an, und der erste Gedanke, den wir hatten, der auch schon auf dem Weg unsre Freude gewesen war, endigte sich in ein Projekt, Sie balde wiederzusehen.

Es ist ein gar zu herziges Ding um die Hoffnung, wiederzusehen. Und wir andern mit denen verwöhnten Herzchen, wenn uns ein bißchen was leid tut, gleich sind wir mit der Arznei da und sagen: liebes Herzchen, sei ruhig, du wirst nicht lange von ihnen entfernt bleiben, von denen Leuten, die du liebst; sei ruhig, liebes Herzchen! Und dann geben wir ihm inzwischen ein Schattenbild, daß es doch was hat, und dann ist es geschickt und still wie ein kleines Kind, dem die Mama eine Puppe statt des Apfels gibt, wovon es nicht essen sollte.

Genug, wir sind hier, und sehen Sie, daß Sie Unrecht hatten! Sie wollten nicht glauben, daß mir der Stadtlärm auf Ihre süße Landfreuden mißfallen würde.

Gewiß, Mamsell, Straßburg ist mir noch nie so leer vorgekommen als jetzo. Zwar hoff ich, es soll besser werden, wenn die Zeit das Andenken unsrer niedlichen und mutwilligen Lustbarkeiten ein wenig ausgelöscht haben wird, wenn ich nicht mehr so lebhaft fühlen werde, wie gut, wie angenehm meine Freundin ist. Doch sollte ich das vergessen können oder wollen? Nein, ich will lieber das wenig Herzwehe behalten und oft an Sie schreiben.

Die unter Herders Antrieb vollzogene Trennung von literarischen

Konventionen und die Neigung zu Friederike Brion waren Kräfte, die bei Goethe einen Strom lyrischer Produktionen von bis dahin unbekannter Fülle der Empfindung auslösten. Ein als *leidenschaftliches Unternehmen* einmal spät am Tage begonnener Ritt, der ihn erst bei Mondenschein in Sesenheim ankommen ließ, wurde der Anlaß zu dem Gedicht *Willkommen und Abschied*. Es entstand das *Mailied: Wie herrlich leuchtet mir die Natur*... Im Ton der Gesänge, die er auf Herders Betreiben hin *aus denen Kehlen der ältsten Müttergens aufhaschte*, schrieb Goethe selbst das *Heidenröslein*.

Bezeichnend ist es allerdings, daß sich in die idyllische Stimmung von Sesenheim schon nach wenigen Monaten Töne des Zweifelns mischten. Stärker als die verklärende Rückschau in *Dichtung und Wahrheit* zeigt das ein Brief, den Goethe im Frühsommer 1771 aus Sesenheim an Johann Daniel Salzmann, den Präses seiner Straßburger Tischgesellschaft, sandte:

Der Zustand meines Herzens ist sonderbar, und meine Gesundheit schwankt wie gewöhnlich durch die Welt, die so schön ist, als ich sie lang nicht gesehen habe. Die angenehmste Gegend, Leute, die mich lieben, ein Zirkel von Freuden! Sind nicht die Träume deiner Kindheit alle erfüllt? frag ich mich manchmal, wenn sich mein Aug in diesem Horizont von Glückseligkeiten herumweidet; sind das nicht die Feengärten, nach denen du dich sehntest? – Sie sind's, sie sind's! Ich fühl es, lieber Freund, und fühle, daß man um kein Haar glücklicher ist, wenn man erlangt, was man wünschte. Die Zugabe! die Zugabe! die uns das Schicksal zu jeder Glückseligkeit drein wiegt! Lieber Freund, es gehört viel Mut dazu, in der Welt nicht mißmutig zu werden. Als Knab pflanzt ich ein Kirschbäumchen im Spielen, es wuchs, und ich hatte die Freude, es blühen zu sehen, ein Maifrost verderbte die Freude mit der Blüte, und ich mußte ein Jahr warten, da wurden sie schön und reif, aber die Vögel hatten den größten Teil gefressen, eh ich eine Kirsche versucht hatte; ein ander Jahr waren's die Raupen, dann ein genäschiger Nachbar, dann das Mehltau; und doch, wenn ich Meister über einen Garten werde, pflanz ich doch wieder Kirschbäumle; trotz allen Unglücksfällen gibt's noch so viel Obst, daß man satt wird. Ich weiß noch eine schöne Geschichte von einem Rosenheckchen, die meinem seligen Großvater passiert ist und die wohl etwas erbaulicher als die Kirschbaumhistorie, die ich nicht anfangen mag, weil es schon spät ist.

Machen Sie sich auf ein abenteuerlich Ragout, Reflexionen, Empfindungen, die man unter dem allgemeinen Titel Grillen eigentlicher begreifen könnte, gefaßt.

Goethes Versuch, sein Studium in Straßburg durch eine Promotion zum Doktor der Rechtswissenschaft abzuschließen, schlug fehl.

Goethes Lizentiaten-Thesen,
gedruckt in Straßburg 1771

Eine bereits eingereichte Dissertation über das kirchengeschichtliche Thema: *Der Gesetzgeber ist nicht allein berechtigt, sondern verpflichtet, einen gewissen Kultus festzusetzen, von welchem weder die Geistlichkeit noch die Laien sich lossagen dürfen,* wurde abgelehnt. In der Arbeit vorgetragene Ansichten wie: die christliche Lehre stamme nicht von Jesus, sondern sei von anderen unter seinem Namen verkündet worden, waren für die juristische Fakultät ein allzu heißes Eisen. Als Ersatz gestattete man ihm jedoch, sich durch eine einfachere Verteidigung von Thesen um den Grad eines Lizentiaten der Rechte, der damals dem Titel eines Doktor juris gleichgeachtet wurde, zu bewerben. Die Skala seiner mit Hilfe eines Repetenten eilig ausgewählten Streitsätze reichte vom Naturrecht über das Erbrecht und Sachenrecht bis zum Strafprozeßverfahren. Zweifelhaft bleibt allerdings, ob er selbst die Prüfung ernst nahm. Schon Zeitgenossen faßten manche seiner Thesen als Gemeinplatz und Verspottung der Fakultät auf. Die Disputation in lateinischer Sprache ging denn auch *unter Opposition meiner Tischgenossen, mit großer Lustigkeit, ja Leichtfertigkeit vorüber.*

Zwei Tage nach der Prüfung am 6. August 1771 besuchte Goethe Friederike Brion zum letztenmal, allerdings ohne ihr zu erklären, daß er nicht zurückkommen werde. Erst von Frankfurt aus vollzog er die Trennung, als deren Grund er deutlich seine eigene Unsicherheit empfand. Offen bekannte er später: *Die Antwort Friederikens auf einen schriftlichen Abschied zerriß mir das Herz ... Ich fühlte nun erst den Verlust, den sie erlitt, und sah keine Möglichkeit ihn zu ersetzen, ja nur ihn zu lindern. Sie war mir ganz gegenwärtig; stets empfand ich, daß sie mir fehlte, und was das Schlimmste war, ich konnte mir mein eignes Unglück nicht verzeihen ... Hier war ich zum erstenmal schuldig; ich hatte das schönste Herz in seinem Tiefsten verwundet, und so war die Epoche einer düsteren Reue, bei dem Mangel einer gewohnten erquicklichen Liebe, höchst peinlich, ja unerträglich.*

Unmittelbar nach seiner Rückkehr aus Straßburg, gerade zweiundzwanzig Jahre alt, wurde Goethe als Rechtsanwalt beim Frankfurter Schöffengericht zugelassen. Die Erwartung seines Vaters, er möge sich bald eine angesehene Praxis schaffen, wurde allerdings enttäuscht. Während der vier nächsten Jahre, die er noch in Frankfurt war, hat er lediglich 28 Prozesse geführt. Der Autor des *Götz von Berlichingen* und des *Werther* hatte andere Dinge im Sinn, als eine bürgerliche Existenz zu gründen. Noch nichts deutete damals darauf hin, mit welcher Hingabe er sich wenige Jahre später in Weimar zahllosen juristischen Aufgaben widmen sollte.

Die frühesten poetischen Arbeiten, die Goethe in Frankfurt aufgriff, standen noch ganz im Schatten der Straßburger Anregungen. Aus dem «Ossian» übersetzte er die düsteren «Gesänge von Selma», die er später in den *Werther* übernahm. Vor allem aber suchte er sich durch die Beschäftigung mit dem Werk Shakespeares zu *höheren, freieren und ebenso wahren als dichterischen Weltansichten und Geistesgenüssen vorzubereiten*. Dieses Bemühen wurde der Anlaß für die Konzeption seiner ersten vollständig erhaltenen Prosaschrift, der Rede *Zum Schäkespears Tag*, die er selbst am 14. Oktober 1771 vor seinen und seiner Schwester Freunden vortrug. In der kurzen Ansprache bekannte er sich nicht nur leidenschaftlich zu dem in Deutschland damals noch wenig bekannten Dichter des «Hamlet», sondern formulierte zugleich eine der bedeutendsten programmatischen Erklärungen jener *literarischen Revolution*, die später den Namen «Sturm und Drang» erhielt. Was er aus Shakespeare herauslas, waren seine und seiner Weggenossen poetische Ziele: Abkehr vom Rokoko-Theater, Bruch mit dem regelgebundenen Drama der Franzosen und ihrer Nachahmer, Herrschaft des Unverkünstelten im Leben wie in der Dichtung. *Mark in den Knochen* zu haben, lautete die Forderung an den einzelnen, und das alles Neue umgreifende Leitwort hieß immer wieder: Natur. Natur bedeutete die Ganzheit des menschlichen Charakters ebenso wie die Einheit des Universums, hieß aber auch Aufhebung der dualistischen Begriffe von Gut und Böse, Preisgabe von Offenbarung und Heilsversprechen, Einsicht in ein durch Untergang und Tod bezeichnetes Schicksal der Menschen. Oder wie Goethe es bei Shakespeare aufdeckte: seine Stücke *drehen sich alle um den geheimen Punkt, den noch kein Philosoph gesehen und bestimmt hat, in dem das Eigentümliche unsres Ichs, die präten-*

Goethe in seinem Frankfurter Mansardenzimmer,
wahrscheinlich ein Selbstbildnis,
getuschte und aquarellierte Bleistiftzeichnung zwischen 1768 und 1771

dierte Freiheit unsres Wollens, mit dem notwendigen Gang des Ganzen zusammenstößt.

Um solch einen tragischen Konflikt zwischen dem Individuum und dem *notwendigen Gang des Ganzen* zu gestalten, griff Goethe bald nach der Shakespeare-Rede selbst zur Behandlung dramatischer Stoffe. Neben dem *philosophischen Heldengeist* Sokrates fesselte ihn die Gestalt des fränkischen Raubritters Götz von Berlichingen, dessen Selbstbiographie er bereits in Straßburg kennengelernt hatte:

Mein ganzer Genius liegt auf einem Unternehmen, worüber Homer und Shakespeare und alles vergessen worden. Ich dramatisiere die Geschichte eines der edelsten Deutschen, rette das Andenken eines braven Mannes, und die viele Arbeit, die mich's kostet, macht mir einen wahren Zeitvertreib, den ich hier so nötig habe, denn es ist traurig an einem Ort zu leben wo unsre ganze Wirksamkeit in sich selbst summen muß.

Indem er versuchte, *alle Stärke, die er in sich fühlte, auf das Objekt zu werfen, es zu packen und zu tragen,* vollendete Goethe die erste Fassung der *Geschichte Gottfriedens von Berlichingen* gegen Ende des Jahres 1771 in kaum mehr als sechs Wochen. In der Figur des Götz gestaltete er den typischen Helden des Sturm und Drangs, den *ganzen Kerl,* der einer verweichlichten Gegenwart unter Anwendung des Faustrechts entgegentritt. Der Bruch mit dem klassizistischen Drama war mit diesem Stück, das neunundfünfzig Szenenwechsel hat und weder eine Einheit der Zeit noch des Orts kennt, endgültig vollzogen.

Der literarischen Verklärung des Geniemäßigen entsprach Goethes eigener Lebensstil. Er kümmerte sich wenig um die bürgerlichen Gepflogenheiten seines Elternhauses und seiner Vaterstadt, mußte als Anwalt Rügen des Gerichtshofes wegen seiner «unanständigen, nur zur Verbitterung der Gemüter ausschlagenden Schreibart» einstecken, machte sich in Farcen und Parodien über angesehene Autoren ebenso wie über seine eigenen Freunde lustig, befaßte sich mit alchimistischen Versuchen und suchte Umgang in den literarisch aufgeschlossenen Zirkeln Frankfurts und seiner Nachbarorte.

Ich gewöhnte mich, auf der Straße zu leben, und wie ein Bote zwischen dem Gebirg und dem flachen Lande hin und her zu wandern. Oft ging ich allein oder in Gesellschaft durch meine Vaterstadt, als wenn sie mich nichts anginge, speiste in einem der großen Gasthöfe in der Fahrgasse und zog nach Tische meines Wegs weiter fort. Mehr als jemals war ich gegen offene Welt und freie Natur gerichtet. Unterwegs sang ich mir seltsame Hymnen und Dithyramben, wovon noch eine, unter dem Titel «Wanderers Sturmlied», übrig ist. Ich sang diesen Halbunsinn leidenschaftlich vor mich hin, da mich ein schreckliches Wetter unterwegs traf, dem ich entgegen gehen mußte.

In dieser Zeit trat Goethe auch in engere Beziehungen zu dem Kreis der Empfindsamen in Darmstadt, der sich «Gemeinschaft der Heiligen» nannte und zu dem Herders Verlobte Caroline Flachsland, der hessen-darmstädtische Minister und Verfasser staatsrechtlicher Reformschriften Friedrich Karl von Moser sowie der Kriegsrat Johann Heinrich Merck gehörten. Merck, ein schalkhafter, *grillenkranker* Mann, dem allerdings *treffend und scharf zu urteilen gegeben war*, trat bald in die bisher von Herder eingenommene Rolle als kritischer Mentor Goethes. Für die von ihm herausgegebene avantgardistische Zeitschrift «Frankfurter Gelehrte Anzeigen» verfaßte Goethe zahlreiche Rezensionen.

Auf Vorschlag seines Vaters ging Goethe im Mai 1772 nach Wetzlar, um als Praktikant am Reichskammergericht seine juristischen Kenntnisse zu erweitern. Er selbst sah in dieser Ortsveränderung eine Möglichkeit, mehr noch als in Frankfurt seinen inneren Neigungen zu leben. In einem Brief an Herder zeichnete er sich damals wie folgt:

Seit ich nichts von Euch gehört habe, sind die Griechen mein einzig Studium. Zuerst schränkt' ich mich auf den Homer ein, dann um den Sokrates forscht' ich in Xenophon und Plato. Da gingen mir die Augen über meine Unwürdigkeit erst auf, geriet an Theokrit und Anakreon, zuletzt zog mich was an Pindarn, wo ich noch hänge. Sonst hab' ich gar nichts getan, und es geht bei mir noch alles entsetzlich durch einander. Auch hat mir endlich der gute Geist den Grund meines spechtischen Wesens entdeckt. Über den Worten Pindars επικρατειν δυνασθαι *ist mir's aufgegangen. Wenn du kühn im Wagen stehst, und vier neue Pferde wild unordentlich sich an deinen Zügeln bäumen, du ihre Kraft lenkst, den austretenden herbei, den aufbäumenden hinabpeitschest, und jagst und lenkst, und wendest, peitschest, hältst, und wieder ausjagst, bis alle sechzehn Füße in einem Takt ans Ziel tragen – das ist Meisterschaft,* επικρατειν, *Virtuosität. Wenn ich nun aber überall herumspaziert bin, überall nur dreingeguckt habe, nirgends zugegriffen. Dreingreifen, packen ist das Wesen jeder Meisterschaft ... Ich möchte beten, wie Moses im Koran: «Herr mache mir Raum in meiner engen Brust!»*

Welchen Eindruck der dreiundzwanzigjährige Goethe im persönlichen Umgang machte, hält ein zeitgenössischer Bericht fest: «Er ist kein unbeträchtlicher Mensch. Er hat sehr viel Talente, ist ein wahres Genie und ein Mensch von Charakter; besitzt eine außerordentlich lebhafte Einbildungskraft, daher er sich meistens in Bildern und Gleichnissen ausdrückt ... Er ist in allen seinen Affekten heftig, hat

Wanderers Sturmlied, Herbst 1771

jedoch oft viel Gewalt über sich. Seine Denkungsart ist edel, von Vorurteilen so viel als möglich frei, handelt er, wie es ihm einfällt, ohne sich darum zu bekümmern, ob es andern gefällt, ob es Mode ist, ob es die Lebensart erlaubt. Aller Zwang ist ihm verhaßt.

In principiis ist er noch nicht fest und strebt noch erst nach einem gewissen System. Um etwas davon zu sagen, so hält er sehr viel von Rousseau, ist jedoch nicht ein blinder Anbeter von demselben. Er ist nicht, was man orthodox nennt. Jedoch nicht aus Stolz oder Kaprice oder um etwas vorstellen zu wollen. Er äußert sich auch über gewisse Hauptmaterien gegen wenige; stört andere nicht gern in ihren ruhigen Vorstellungen.

Er haßt den Scepticismum, strebt nach Wahrheit und nach Determinierung über gewisse Hauptmaterien, glaubt auch schon über die wichtigsten determiniert zu sein; soviel ich aber gemerkt, ist er es noch nicht. Er geht nicht in die Kirche, auch nicht zum Abendmahl, betet auch selten. Denn, sagt er, ich bin dazu nicht genug Lügner.

Vor der christlichen Religion hat er Hochachtung, nicht aber in der Gestalt, wie sie unsere Theologen vorstellen. Er glaubt ein künftiges Leben, einen besseren Zustand. Er strebt nach Wahrheit, hält jedoch mehr vom Gefühl derselben als von ihrer Demonstration.»

Mit dem Verfasser dieser vorsichtig abwägenden Charakteristik, dem bremischen Gesandtschaftssekretär Johann Christian Kestner und seiner Braut Charlotte Buff verband Goethe schon bald nach seiner Ankunft in Wetzlar eine herzliche Freundschaft. Trotz eines fast grenzenlosen Vertrauens, das sich alle Seiten entgegenbrachten, führte das Verhältnis jedoch zu schweren Spannungen. Goethes Empfindungen für Lotte steigerten sich zur Leidenschaft. Auf Mercks Rat hin beschloß er deshalb bereits im September, *sich zu entfernen*, ehe er *durch das Unerträgliche vertrieben würde*. Über Ehrenbreitstein, wo er mit Merck, der Dichterin Sophie von La Roche und deren Tochter Maximiliane zusammentraf, kam er nach Frankfurt zurück.

Nach den noch immer schmerzhaften Erinnerungen an Lotte Buff schufen hier Veränderungen in seiner nächsten Umgebung neue Konflikte. Seine Schwester, die beständigste Vertraute seiner Jugend, heiratete Schlosser und ging mit ihm nach Emmendingen ins Badische. Maximiliane von La Roche zog als Frau des Kaufmanns Peter Brentano nach Frankfurt, aber die Fortsetzung der bis dahin freundschaftlichen Beziehungen zu ihr wurden durch alberne Eifersuchtsszenen ihres Mannes unmöglich. Lotte und Kestner ließen sich trauen ohne es Goethe, wie versprochen, mitzuteilen. Zu diesen persönlichen Bedrückungen kam die Nachricht, daß sich ein entfernter Bekannter von Wetzlar her, der Legationssekretär Karl Wilhelm Jerusalem, aus unglücklicher Liebe zu der Gattin eines Freundes das Leben genommen habe. Das wurde der letzte Anstoß zur Konzeption der *Leiden des jungen Werthers* gegen Anfang des Jahres 1774.

Jerusalems Tod... schüttelte mich aus dem Traum, und weil ich nicht bloß mit Beschaulichkeit das, was ihm und mir begegnet, betrachtete, sondern das Ähnliche, was mir im Augenblicke selbst widerfuhr, mich in leidenschaftliche Bewegung setzte, so konnte es nicht fehlen, daß ich jener Produktion, die ich eben unternahm, alle die Glut einhauchte, welche keine Unterscheidung zwischen dem Dichterischen und dem Wirklichen zuläßt. Ich hatte mich äußerlich völlig isoliert, ja die Besuche meiner Freunde verbeten und so legte ich auch innerlich alles beiseite, was nicht unmittelbar hierher gehörte. Dagegen faßte ich alles zusammen, was einigen Bezug auf meinen Vorsatz hatte, und wiederholte mir mein nächstes Leben, von dessen Inhalt ich noch keinen dichterischen Gebrauch gemacht hatte. Unter solchen Umständen, nach so langen und vielen geheimen Vorbereitungen schrieb ich den Werther in vier Wochen, ohne daß ein Schema des Ganzen, oder die Behandlung eines Teils irgend vorher wäre zu Papier gebracht gewesen.

Silhouette von Charlotte Buff
mit Goethes Unterschrift

Zur Herbstmesse 1774 erschienen *Die Leiden des jungen Werthers* im Druck. Die Aufnahme des schmalen Bandes durch das gebildete Publikum der Zeit wurde ein spektakuläres Ereignis, das einmalig in der deutschen Literaturgeschichte ist. Auf das unerwartete Echo folgten sogleich Nachdrucke, Verbote, Gegenschriften, Apologien, Imitationen und Übersetzungen. Wodurch erklärt sich die gewaltige Wirkung dieser einfachen Geschichte eines jungen Mannes, der, wie Goethe damals in einem Brief schrieb, *mit einer tiefen reinen Empfindung und wahrer Penetration begabt, sich in schwärmende Träume verliert, sich durch Spekulation untergräbt, bis er zuletzt durch dazutretende unglückliche Leidenschaften, besonders eine endlose Liebe zerrüttet, sich eine Kugel vor den Kopf schießt?* Unter den Gründen, die Goethe selbst zur Deutung des Phänomens vorbrachte, steht an wichtiger Stelle die sentimental-pessimistische Zeitströmung im dritten Viertel des 18. Jahrhunderts, Einflüsse der englischen Literatur mit Edward Youngs düster-schwermütigen Nachtgedanken, Sternes empfindsamen Reisebildern oder den als Werk Ossians veröffentlichten traurig-wilden Heldenliedern Macphersons, nicht zuletzt die Naturschwärmerei Rousseaus, kurz, die Stimmung einer

Werthers erste Begegnung mit Lotte, eine vielfach
illustrierte Szene aus den «Leiden des jungen Werthers»,
hier in einer aquarellierten Bleistift- und Sepiazeichnung
von Johann Daniel Donat

Generation, die von *unbefriedigten Leidenschaften gepeinigt, von außen zu bedeutenden Handlungen keineswegs angeregt, in der einzigen Aussicht, in einem schleppenden, geistlosen bürgerlichen Leben hinhalten zu müssen,* einem *kranken jugendlichen Wahn* offen *war.* Der Selbstmord, bis dahin als eine unerhörte Handlung angesehen, von Werther aber mit der später durch Kierkegaard aufgenommenen Wendung als *Krankheit zum Tode* entschuldigt, konnte Verständnis, ja Verteidigung und Mitleid wecken. Die Kritik an den sozialen Verhältnissen, Werthers negative Einstellung zu Beruf und Gesellschaft beförderten noch die weltschmerzlerische Stimmung. Aber das Buch, das so fast wider Goethes Absicht zum Symbol des Protestes gegen die herrschenden Kräfte der Zeit wurde, bedeutete mehr als nur ein zeitgenössisches Ereignis. Eindringlicher noch als beim *Götz von Berlichingen* offenbarte sich auch hier der in der Shakespeare-Rede angekündigte tragische Zusammenstoß des Individuums mit dem *notwendigen Gang des Ganzen*: die Disproportion des seelenhaften, gotterfüllten Menschen mit der Welt führt zu seinem Untergang, er zerbricht ohne Schuld an der Überfülle seiner Empfindungen und damit an seinem ureigensten Wesen.

Goethe war, erst vierundzwanzig Jahre alt, einer der bekanntesten Autoren Deutschlands. Viele Zeitgenossen kamen ihm entgegen. Gottfried August Bürger, die Brüder Christian und Friedrich Leopold zu Stolberg, Heinrich Christian Boie, Heinrich Wilhelm von Gerstenberg traten mit ihm in Verbindung, Klopstock suchte ihn in Frankfurt auf, glaubte sogar in ihm einen Jünger gefunden zu haben. Johann Kaspar Lavater, der Zürcher Geistliche und Prophet einer übersteigerten Kultur der Empfindsamkeit, bemühte sich um seine Freundschaft. Mit ihm und dem pädagogischen Reformer Basedow unternahm Goethe im Sommer 1774 eine Reise auf der Lahn und dem Rhein. In Düsseldorf wurde er von Friedrich Heinrich Jacobi gefeiert: «Je mehr ich's überdenke, je lebhafter empfinde ich die Unmöglichkeit, dem, der Goethe nicht gesehen noch gehört hat, etwas Begreifliches über dieses außerordentliche Geschöpf Gottes zu schreiben. Goethe ist, nach Heinses Ausdruck, Genie vom Scheitel bis zur Fußsohle; ein Besessener, füge ich hinzu, dem fast in keinem Falle gestattet ist, willkürlich zu handeln. Man braucht nur eine Stunde bei ihm zu sein, um es im höchsten Grade lächerlich zu finden, von ihm zu begehren, daß er anders denken und handeln soll, als er wirklich denkt und handelt. Hiermit will ich nicht andeuten, daß keine Veränderung zum Schöneren und Besseren in ihm möglich sei; aber nicht anders ist sie in ihm möglich, als so wie die Blume sich entfaltet, wie die Saat reift, wie der Baum in die Höhe wächst und sich krönt.»

Kaum eine andere Zeit in Goethes Leben ist durch die Entstehung einer solchen Fülle von dichterischen Entwürfen gekennzeichnet, wie seine letzten Frankfurter Jahre. Es gab für ihn, der damals von sich bekannte: *wenn ich nicht Dramas schriebe, ich ging zu Grund*, kaum ein inneres oder äußeres Erlebnis, das sich nicht leicht zu einer poetischen Gestaltung verdichtete. *Mein produktives Talent ... verließ mich seit einigen Jahren keinen Augenblick; was ich wachend am Tage gewahr wurde, bildete sich sogar öfters nachts in regelmäßige Träume, und wie ich die Augen auftat, erschien mir entweder ein wunderliches neues Ganze, oder der Teil eines schon Vorhandenen. Gewöhnlich schrieb ich alles zur frühsten Tageszeit; aber auch abends, ja tief in die Nacht, wenn Wein und Geselligkeit die Lebensgeister erhöhten, konnte man von mir fordern was man wollte; es kam nur auf eine Gelegenheit an, die einigen Charakter hatte, so war ich bereit und fertig. Wie ich nun über diese Naturgabe nachdachte und fand, daß sie mir ganz eigen angehöre und durch nichts Fremdes weder begünstigt noch gehindert werden könne, so mochte ich gern hierauf mein ganzes Dasein in Gedanken gründen.*

Vieles in den Jahren 1773 bis 1775 Erdachte mag Goethe nie zu Papier gebracht haben, manches ließ er in seine bewegten Briefe jener Zeit fließen, manches hielt er in Idyllen, Oden, Hymnen und Liedern, aber auch in dramatischen Skizzen von großer Vielfalt des Inhalts und der Form fest. Wie viele Entwürfe entstanden, wie viele verlorengingen, wissen wir nicht. Zahlreiche angefangene Arbeiten, darunter Pläne zu einer *Cäsar*-Tragödie, übergab er den Flammen. Eines der umfangreichsten Projekte, das Drama *Prometheus*, an dessen Konzeption noch die gewaltig-trotzige Ode *Bedecke deinen Himmel, Zeus ...* erinnert, blieb Fragment. Der *Faust* war für viele Jahre ein Torso. Nur einige kleinere Stücke, darunter das *Concerto dramatico*, das Knittelversdrama vom *Jahrmarktsfest zu Plundersweilern*, die in einem Geist der Streitlust konzipierte Farce *Götter, Helden und Wieland* sowie die beiden Singspiele *Erwin und Elmire* und *Claudine von Villa Bella* wurden vollendet.

Die Jahre vor und nach dem Erscheinen des *Werther* waren für Goethe jedoch nicht nur eine Zeit vielfältiger literarischer Produktion, sondern auch eine Periode, in der er sich intensiv um die Klärung religiöser Fragen bemühte. Spiegel dieser Auseinandersetzungen wurde ein kleines, anonym erschienenes Werk, der *Brief des Pastors zu *** an den neuen Pastor zu ****. Unter der Maske eines lutherischen Landgeistlichen äußerte er darin seine Gedanken zu den theologischen Strömungen des 18. Jahrhunderts, lehnte Dogmatismus, Orthodoxie und Rationalismus ab, bekannte sich zu einem Gefühlschristentum pietistischer Prägung und vor allem, sechs Jah-

Goethe im Alter von 24 Jahren.
Ölminiatur von Johann Daniel Bager

re vor Lessings «Nathan», zur Toleranz ohne Gleichgültigkeit.
Schloß er sich in Inhalt und Form des Traktats auch noch vielfachen
Anregungen Rousseaus, Hamanns und Herders an, so ging er doch
in manchem ganz eigene Wege, vor allem in seiner Stellung zur
christlichen Kirche. Indem er seinen Pastor sagen ließ: *Es war nie
eine sichtbare Kirche auf Erden,* erneuerte er ein Thema aus der
ihm seit seiner Bekanntschaft mit Fräulein von Klettenberg vertrau-
ten «Kirchen- und Ketzerhistorie» Gottfried Arnolds, nämlich daß

die christliche Lehre sich nur im ersten Jahrhundert ihres Bestehens rein erhalten, danach aber immer mehr verweltlicht und vom Geiste ihres Gründers entfernt habe. Wie weit Goethe mit solcher Kritik zu gehen wagte, deutet der *Brief des Pastors* allerdings nur an, mehr läßt das 1774 entstandene, aber erst posthum veröffentlichte Fragment vom *Ewigen Juden* erkennen: statt nur das Idealbild einer unsichtbaren Gemeinde zu entwerfen, werden dort die kirchlichen Institutionen einer strengen Kritik unterworfen.

Das letzte Frankfurter Jahr Goethes, 1775, brachte für ihn eine neue leidenschaftliche Liebe. Durch seine Bekanntschaft mit Lili Schönemann, der sechzehnjährigen Tochter eines Frankfurter Handelsherren, erlebte er *eine der aufregendsten und glücklichsten Zeiten seines Lebens.* Das Verhältnis führte bis zur regelrechten Verlobung. Aber verschiedene Lebensweisen und Religionsbekenntnisse – Lilis Familie gehörte der reformierten Gemeinde an – sowie der Mangel eines näheren Einverständnisses zwischen den beiderseitigen Eltern ließen Schwierigkeiten aufkommen. Vor allem schwankte Goethe selbst zwischen der Liebe zu Lili und dem Gefühl, daß er in der Festlegung auf ein Leben von *häuslicher Glückseligkeit* kaum Befriedigung finden würde. In Briefen an die jüngere Schwester der beiden Grafen zu Stolberg, Auguste, die nach dem Erscheinen des *Werther* eine schwärmerische Korrespondenz mit ihm begonnen hatte, seine *im Herzen wohlgekannte, mit Augen nie gesehene, teure Freundin,* zeichnete er im Februar 1775 ein Bild seines *Doppellebens:*

Wenn Sie sich, meine Liebe, einen Goethe vorstellen können, der im galonierten Rock, sonst von Kopf zu Fuße auch in leidlich konsistenter Galanterie, umleuchtet vom unbedeutenden Prachtglanze der Wandleuchter und Kronenleuchter, mitten unter allerlei Leuten, von ein Paar schönen Augen am Spieltische gehalten wird, der in abwechselnder Zerstreuung aus der Gesellschaft ins Konzert, und von da auf den Ball getrieben wird, und mit allem Interesse des Leichtsinns, einer niedlichen Blondine den Hof macht; so haben Sie den gegenwärtigen Fastnachts Goethe, der Ihnen neulich einige dumpfe tiefe Gefühle vorstolperte.

Aber nun gibts noch einen, den im grauen Biberfrack mit dem braunseidnen Halstuch und Stiefeln, der in der streichenden Februarluft schon den Frühling ahndet, dem nun bald seine liebe weite Welt wieder geöffnet wird, der immer in sich lebend, strebend und arbeitend, bald die unschuldigen Gefühle der Jugend in kleinen Gedichten, das kräftige Gewürze des Lebens in mancherlei Dramas, die Gestalten seiner Freunde und seiner Gegenden und seines geliebten Hausrats mit Kreide auf grauem Papier nach seinem Maße auszudrücken sucht, weder rechts noch links fragt: was von dem gehalten

Lili Schönemann.
Pastellgemälde eines
unbekannten Künstlers. 1782

werde, was er machte? weil er arbeitend immer gleich eine Stufe hö-
her steigt, weil er nach keinem Ideale springen, sondern seine Ge-
fühle sich zu Fähigkeiten, kämpfend und spielend, entwickeln lassen
will. Das ist der, dem Sie nicht aus dem Sinne kommen, der auf ein-
mal am frühen Morgen einen Beruf fühlt, Ihnen zu schreiben, dessen
größte Glückseligkeit ist, mit den besten Menschen seiner Zeit zu le-
ben.

Im Frühsommer 1775 erschien es Goethe dann manchmal doch
so, *als wenn die Zwirnsfädchen, an denen mein Schicksal hängt, und*
die ich schon so lange in rotierender Oszillation auf- und zutrille,
sich endlich knüpfen wollten. Um eine Probe zu machen, ob er Lili
entbehren könne, nahm er eine Einladung der Brüder Stolberg an,
sie auf einer «Geniereise» in die Schweiz zu begleiten. Wie auch

später noch mehrfach in seinem Leben versuchte er, eine seelische Krise durch eine räumliche Trennung zu überwinden. In «Werthertracht» zog er mit den Stolbergs bis Zürich, von dort in die Innerschweiz. Als er auf der Höhe des Gotthard vor der Wahl stand, nach Italien weiterzureisen oder in die Heimat zurückzukehren, gab die Erinnerung an Lili noch einmal den Ausschlag. In Frankfurt befand er sich jedoch abermals in der *unseligsten aller Lagen*. In dem Schauspiel *Stella* schrieb er damals, sicher nicht ohne einen Blick auf seine eigene Situation: *Ich muß fort! – ich wär ein Tor, mich fesseln zu lassen! Dieser Zustand erstickt alle meine Kräfte, dieser Zustand raubt mir allen Mut der Seele; er engt mich ein! – Was liegt nicht alles in mir? Was könnte sich nicht alles entwickeln? – Ich muß fort – in die freie Welt! –*

Ein Anstoß von außen half Goethe, die Trennung tatsächlich zu vollziehen. Schon im Dezember 1774 hatte er den Erbprinzen Karl

Scheideblick nach Italien vom Gotthard, 22. Juni 1775.
Bleistift- und Tuschzeichnung Goethes

August von Sachsen-Weimar-Eisenach kennengelernt und in Mainz einige Tage in seiner Gesellschaft verbracht. Als dieser im Herbst des nächsten Jahres aus Anlaß seiner Vermählung mit der Prinzessin Luise von Hessen-Darmstadt wieder durch Frankfurt kam, lud er Goethe ein, für einige Zeit nach Weimar zu kommen. Goethe nahm an.

Komplikationen ergaben sich noch einmal, als der Kammerjunker, der Goethe Anfang Oktober in Frankfurt abholen sollte, ohne Erklärung ausblieb. Vom Warten *innerlich zerarbeitet*, ließ Goethe sich von seinem Vater überreden, statt nach Weimar zu gehen sogleich eine schon längst ersehnte Bildungsreise nach Italien anzutreten. Am 30. Oktober 1775 brach er von Frankfurt aus auf. Als ihn dann aber in Heidelberg doch noch eine nachgesandte, alle früheren Verzögerungen erklärende Stafette erreichte, änderte er seine Reisepläne abermals und fuhr nach Weimar. Im Schlußabschnitt von *Dichtung und Wahrheit* brachte er diese Wandlung in Verbindung mit dem Walten des *Dämonischen*, einer geheimnisvollen Macht, die sich der moralischen Weltordnung, *wo nicht entgegensetzt, doch sie durchkreuzt* und gegen die *alle vereinten sittlichen Kräfte nichts vermögen*. Ein Zitat aus dem *Egmont*, an dem er während der Wartezeit in Frankfurt geschrieben hatte und in dem sich ebenfalls jenes *Dämonische* ausdrücken soll, steht am Ende seiner Jugendgeschichte:

Kind, Kind! nicht weiter! Wie von unsichtbaren Geistern gepeitscht, gehen die Sonnenpferde der Zeit mit unsers Schicksals leichtem Wagen durch, und uns bleibt nichts als, mutig gefaßt, die Zügel festzuhalten, und bald rechts, bald links, vom Steine hier, vom Sturze da, die Räder wegzulenken. Wohin es geht, wer weiß es? Erinnert er sich doch kaum, woher er kam.

Die Betrachtungen in *Dichtung und Wahrheit* sind jedoch zum guten Teil Reflexionen des alten Goethe. Dem Sechsundzwanzigjährigen, der an jenem 30. Oktober 1775 seine Vaterstadt für immer verließ, war der Begriff des *Dämonischen* noch fremd. Wohl aber war er sich des *Ahndungsvollen* seines Abschieds bewußt. Das zeigt das Fragment eines Reisetagebuchs, das er wenige Stunden nach der Abreise aus Frankfurt in Eberstadt an der Bergstraße begann:

Bittet, daß eure Flucht nicht geschehe im Winter, noch am Sabbath: ließ mir mein Vater zur Abschiedswarnung auf die Zukunft noch aus dem Bette sagen! – Diesmal, rief ich aus, ist nun ohne mein Bitten Montag morgens sechse, und was das übrige betrifft, so fragt das liebe unsichtbare Ding, das mich leitet und schult, nicht ob und wann ich mag. Ich packte für Norden und ziehe nach Süden; ich sagte zu und komme nicht, ich sagte ab und komme! Frisch also, die Torschließer klimpern vom Bürgermeister weg, und eh es tagt und mein

Weimar von Osten, Kupferstich von F. W. Schneider, um 1780

Nachbar Schuhflicker seine Werkstätte und Laden öffnet: fort. Adieu,
Mutter! – Am Kornmarkt machte der Spenglersjunge rasselnd seinen Laden zurechte, begrüßte die Nachbarsmagd in dem dämmri-
gen Regen. Es war so was Ahndungsvolles auf den künftigen Tag in
dem Gruß. Ach, dacht ich, wer doch – nein, sagt ich, es war auch eine
Zeit – Wer Gedächtnis hat, sollte niemand beneiden. – – Lili, adieu
Lili, zum zweitenmal! Das erstemal schied ich noch hoffnungsvoll
unsere Schicksale zu verbinden! Es hat sich entschieden – wir müssen einzeln unsre Rollen ausspielen. Mir ist in dem Augenblick weder bange für dich noch für mich, so verworren es aussieht! – Adieu –
  Hier läge denn der Grundstein meines Tagbuchs! und das weitere
steht bei dem lieben Ding, das den Plan zu meiner Reise gemacht hat.
Ominöse Überfüllung des Glases. Projekte, Plane und Aussichten.

DAS ERSTE JAHRZEHNT IN WEIMAR

Am 7. November 1775 kam Goethe nach Weimar, damals einer stillen
Landstadt von kaum mehr als sechstausend Einwohnern. Sowohl die
Stadt selbst als auch das Land Sachsen-Weimar-Eisenach standen noch
weitgehend unter dem Eindruck der Persönlichkeit Herzogin Anna
Amalias, die hier nach dem frühen Tode ihres Gemahls Ernst August
siebzehn Jahre lang mit Umsicht regiert hatte. Goethe nannte sie spä-
ter eine *vollkommene Fürstin mit vollkommen menschlichem Sinne.*
Trotz der durch den Siebenjährigen Krieg bedingten allgemeinen
Unsicherheit und trotz beschränkter Mittel war es ihr gelungen,
in ihrer Umgebung Künste und Wissenschaften vielfältig zu för-

Aus dem ersten Schema zu «Dichtung und Wahrheit»,
entworfen im Oktober 1809

dern. Zu den Mitgliedern des von ihr geschaffenen «Musenhofs» gehörten unter anderen Wieland, den sie zum Erzieher ihrer beiden Söhne berufen hatte, die als Gelegenheitsdichter und Komponisten hervorgetretenen Kammerherren von Einsiedel und von Seckendorff, Karl Ludwig von Knebel, der als Professor am Gymnasium tätige «Märchenvater» Musäus und der Verleger Bertuch. Mit einer solchen *Versammlung vorzüglicher Männer* hatte Anna Amalia, nach Goethes Worten, *alles dasjenige begründet, was später für dieses besondere Land, ja für das ganze deutsche Vaterland, so lebhaft und bedeutend wirkte.*

Im September 1775 war Anna Amalias ältester Sohn Karl August volljährig geworden und ihr in der Regierung gefolgt. Nach mehr als fünfzig Jahren erinnerte Goethe sich noch in einem Gespräch mit Eckermann an den Eindruck, den der junge Fürst auf ihn gemacht hatte: *Er war achtzehn Jahre alt, als ich nach Weimar kam; aber schon damals zeigten seine Keime und Knospen, was einst der Baum sein würde. Er schloß sich bald auf das innigste an mich an und nahm an allem, was ich trieb, gründlichen Anteil. Daß ich fast zehn Jahre älter war als er, kam unserm Verhältnis zugute. Er saß ganze Abende bei mir in tiefen Gesprächen über Gegenstände der Kunst und Natur und was sonst allerlei Gutes vorkam. Wir saßen oft tief in die Nacht hinein, und es war nicht selten, daß wir nebeneinander auf meinem Sofa einschliefen...*

Er war wie ein edler Wein, aber noch in gewaltiger Gärung. Er wußte mit seinen Kräften nicht wohinaus, und wir waren oft sehr nahe am Halsbrechen. Auf Parforcepferden über Hecken, Gräben und durch Flüsse und bergauf bergein sich tagelang abarbeiten und dann nachts unter freiem Himmel kampieren, etwa bei einem Feuer im Walde: das war nach seinem Sinne. Ein Herzogtum geerbt zu haben, war ihm nichts, aber hätte er sich eins erringen, erjagen und erstürmen können, das wäre ihm'etwas gewesen.

> *Der Vorwitz lockt ihn in die Weite,*
> *Kein Fels ist ihm zu schroff, kein Steg zu schmal;*
> *Der Unfall lauert an der Seite*
> *Und stürzt ihn in den Arm der Qual.*
> *Dann treibt die schmerzlich überspannte Regung*
> *Gewaltsam ihn bald da bald dort hinaus,*
> *Und von unmutiger Bewegung*
> *Ruht er unmutig wieder aus.*
> *Und düster wild an heitern Tagen,*
> *Unbändig ohne froh zu sein,*
> *Schläft er, an Seel' und Leib verwundet und zerschlagen,*
> *Auf einem harten Lager ein.*

Ich leugne nicht, er hat mir anfänglich manche Not und Sorge gemacht. Doch seine tüchtige Natur reinigte sich bald und bildete sich bald zum besten, so daß es eine Freude wurde, mit ihm zu leben und zu wirken.

Bezeichnend ist es, daß diese Charakteristik des Herzogs nur in einer Aufzeichnung Eckermanns überliefert ist. Die geplante Fortsetzung zu *Dichtung und Wahrheit*, in der Goethe über seine ersten Weimarer Jahre berichten wollte, kam trotz *häufiger und dringender Vorstellungen seiner Freunde* nicht zustande. Er selbst meinte im Alter, diese Zeit ließe sich allein *im Gewande der Fabel oder eines Märchens darstellen; als wirkliche Tatsache würde die Welt es nimmermehr glauben.* Nur ahnen können wir deshalb auch, wie damals der für seine spätere Existenz so entscheidende Entschluß, länger am Hofe Karl Augusts zu bleiben, in ihm reif wurde. Der Wunsch, nach seinem bisherigen, fast unbeschränkt freien Leben konkrete Aufgaben und Verantwortungen zu übernehmen, trug sicher dazu bei. Nachdem er in den ersten Wochen seines Weimarer Aufenthaltes noch vielfach an den *geräuschvollsten Zerstreuungen* des Herzogs teilgenommen hatte, schrieb er bereits im Februar 1776 an Frankfurter Freunde: *Ich werd auch wohl dableiben und meine Rolle so gut spielen als ich kann und so lang als mir's und dem Schicksal beliebt. Wär's auch nur auf*

Karl August,
Herzog von Sachsen-Weimar-Eisenach.
Ölgemälde von Jens Juel, 1779

ein paar Jahre, ist es doch immer besser als das untätige Leben zu
Hause, wo ich mit der größten Lust nichts tun kann. Hier hab ich doch
ein paar Herzogtümer vor mir. Jetzt bin ich dran, das Land nur ken-
nen zu lernen, das macht mir schon viel Spaß. Und der Herzog kriegt
auch dadurch Liebe zur Arbeit, und weil ich ihn ganz kenne, bin ich
über viel Sachen ganz und gar ruhig.

Im Juni 1776 trat Goethe dann als Geheimer Legationsrat formell
in den Weimarischen Staatsdienst ein. Mehr für den Weitblick Karl
Augusts als für die ihm gern vorgeworfene beschränkte Leiden-
schaftlichkeit spricht seine Stellungnahme gegenüber seinem bisherigen nächsten Ratgeber Friedrich von Fritsch, der sich der Berufung
«eines Individuums wie dieses Doktor Goethe» ursprünglich wider-
setzt hatte: «Einen Mann von Genie nicht an dem Ort gebrauchen,
wo er seine außerordentlichen Talente gebrauchen kann, heißt den-

selben mißbrauchen... Was das Urteil der Welt betrifft, welche miß-
billigen würde, daß ich den D. Goethe in mein wichtigstes Collegium
setze, ohne daß er zuvor weder Amtmann, Professor, Kammer- oder
Regierungsrat war, dieses verändert gar nichts. Die Welt urteilt nach
Vorurteil, ich aber und jeder der seine Pflicht tun will, arbeitet nicht
um Ruhm zu erlangen, sondern um sich vor Gott und seinem eigenen
Gewissen rechtfertigen zu können...» Goethes Stellung im «Geheimen Conseil», dem außer dem Herzog noch die Räte von Fritsch
und Schnauß angehörten, brachte ihn bald in Berührung mit fast
sämtlichen Vorkommnissen der Staatsverwaltung. Der Bogen der
von ihm übernommenen Pflichten spannte sich von Einzelaufgaben
wie der Ausarbeitung von Feuerverhütungsvorschriften bis zu hoch-
politischen Relationen zwischen den europäischen Höfen während des
Bayerischen Erbfolgekrieges. Daneben wurde er noch für einzelne
Regierungsressorts allein zuständig. Bereits 1776 übertrug ihm der
Herzog die Vorarbeiten zur Wiederbelebung des stilliegenden Silber-
und Kupferbergwerks bei Ilmenau im Thüringer Wald. 1779 wurde
er «Kriegskommissar» und damit verantwortlich für die etwa fünfhundert, meistens zu Bewachungs- und Botendiensten eingeteilten
Soldaten des Landes. Im gleichen Jahr übernahm er die herzogliche Wegebauverwaltung sowie die für Überschwemmungen und
Kanalisationsangelegenheiten zuständige «Wasserbaukommission».
1782 erhielt er dann noch die Leitung der «Kammer», der ober-
sten Finanzbehörde und vereinigte damit alle wichtigen Positio-
nen in seiner Hand. Der Grund für diese Ämterhäufung lag nicht
allein in dem zunehmenden Vertrauen des Herzogs, sondern vor allem in Goethes eigenem Bestreben, sich in Dingen, die *vielen hundert
Menschen nicht nötig sein mögen, deren ich aber zu meiner Ausbildung äußerst bedürftig war*, zu prüfen und zu erproben. Hatte es ihn
anfänglich nur gereizt, einmal *zu versuchen, wie einem die Weltrolle
zu Gesicht stünde*, so begann er spätestens seit dem Ende des Jahres
1776 immer mehr, sein Amt als eine sittliche Prüfung anzusehen.
Hauptaperçu daß zuletzt alles ethisch sei lautet in einem Schema zur
Fortsetzung von *Dichtung und Wahrheit* das Stichwort für seine öffentliche Tätigkeit während der ersten zehn Weimarer Jahre. Seine
Tagebücher der Zeit enthüllen, wie ernst er diese Aufgaben nahm und
wie er sie trotz vielfacher innerer und äußerer Widerstände zu be-
wältigen versuchte. So notierte er etwa im Januar 1779: *Die Kriegs-
kommission übernommen. Erste Session. Fest und ruhig in meinen
Sinnen, und scharf. Allein dies Geschäft diese Tage her. Mich drin
gebadet, und gute Hoffnung in Gewißheit des Ausharrens. Der Druck
der Geschäfte ist sehr schön der Seele; wenn sie entladen ist, spielt
sie freier und genießt des Lebens. Elender ist nichts als der behagliche*

*Goethes Haus im Park an der Ilm außerhalb Weimars,
sein Wohnsitz von 1776 bis 1782.
Auch nach Erwerb des größeren Hauses am Frauenplan
kehrte er noch oft hierher zurück*

Mensch ohne Arbeit, das Schönste der Gaben wird ihm ekel. In solchen prüfenden Auseinandersetzungen mit seinem Amt verwirklichte Goethe das Wort von der *Pflicht des Tages.* An Karl Ludwig von Knebel schrieb er im Dezember 1781: *Das Bedürfnis meiner Natur zwingt mich zu einer vermannigfaltigten Tätigkeit, und ich würde in dem geringsten Dorfe und auf einer wüsten Insel ebenso betriebsam sein müssen, um nur zu leben ... weil es ein Artikel meines Glaubens ist, daß wir durch Standhaftigkeit und Treue in dem gegenwärtigen Zustande ganz allein der höheren Stufe eines folgenden wert und sie zu betreten fähig werden, es sei nun hier zeitlich oder dort ewig.*

Neben seinen amtlichen Aufgaben kamen auf Goethe zahlreiche Verpflichtungen, bei denen man auf seine poetischen und schauspielerischen Gaben rechnete, hinzu. Leseabende, Redouten und Maskenzüge, besonders aber die Liebhaberaufführungen der Hofgesellschaft erfuhren durch seine Teilnahme große Belebung. Die von ihm dabei vorgetragenen Improvisationen, deren poetischen Zauber Wieland nicht genug rühmen konnte, sind zwar verloren, aber seine erhaltenen Gelegenheitsdichtungen spiegeln noch etwas von der Atmosphäre der damals veranstalteten Feste im Stil des ausklingenden Rokoko: 1776 schrieb er *Die Geschwister*, 1777 das Singspiel *Lila* und die dramatische Grille *Der Triumph der Empfindsamkeit*, 1779 *Jery und Bätely* und 1781 *Die Fischerin*, die im Park von Tiefurt besonders stimmungsvoll aufgeführt wurde. Schließlich gewann Weimar durch seine Vermittlung bedeutenden Zuwachs von außen. Der Frankfurter Maler Georg Melchior Kraus, in dessen Aquarellen und Stichen das damalige Bild der Stadt und des herzoglichen Parks erhalten blieb, wurde Leiter der Zeichenschule. Die Sängerin Corona Schröter, eine Künstlerin von großer Begabung und menschlicher Reife, trat in den Kreis um die Herzogin-Mutter Anna Amalia. Und vor allem nahm Herder 1776 einen Ruf als weimarischer Generalsuperintendent an. Herders, Knebel, Corona Schröter und Wieland bildeten auch Goethes engeren Freundeskreis.

Den nachhaltigsten Einfluß auf ihn gewann jedoch die Hofdame Charlotte von Stein. Die kalvinistisch erzogene, von Kindheit an mit dem höfischen Leben vertraute, durch häufiges Kranksein und eine lieblose Ehe mit dem herzoglichen Stallmeister Josias von Stein zur Melancholie neigende Frau, deren Wesen ganz durch Selbstbeherrschung und inneres Maßhalten bestimmt war, machte einen tiefen Eindruck auf ihn. Seit der ersten Begegnung fühlte er sich von der kühlen Schönheit der um sieben Jahre älteren, deren Sensibilität ihn zudem an seine Schwester erinnerte, angezogen. Schon im Februar 1776 bekannte er: *Eine herrliche Seele ist die Frau von Stein, an die ich so was man sagen möchte, geheftet und genistelt bin.* In den kommenden Jahren wurde ihm ihre klare, beruhigende Wesensart mehr und mehr unentbehrlich. Er nannte sie *Besänftigerin, Engel, Madonna.* Es entstand eine Seelenfreundschaft, die ihm selbst rätselhaft erschien: *Ich kann mir die Bedeutsamkeit – die Macht, die diese Frau über mich hat, anders nicht erklären als durch die Seelenwanderung. – Ja, wir waren einst Mann und Weib! – Nun wissen wir von uns – verhüllt, in Geisterduft.* Anders als die Lieder und Elegien, die er früher für Lili Schönemann, später für Christiane Vulpius oder Marianne von Willemer schrieb, sind die an Frau von Stein gerichteten Verse von einer seltsamen Stimmung *anhaltender Resignation* getragen. So widmete er ihr im April 1776 das folgende Gedicht:

> Warum gabst du uns die tiefen Blicke,
> Unsre Zukunft ahndungsvoll zu schaun,
> Unsrer Liebe, unserm Erdenglücke
> Wähnend selig nimmer hinzutraun?
> Warum gabst uns, Schicksal, die Gefühle,
> Uns einander in das Herz zu sehn,
> Um durch all die seltenen Gewühle
> Unser wahr Verhältnis auszuspähn?
>
> Ach, so viele tausend Menschen kennen,
> Dumpf sich treibend, kaum ihr eigen Herz,
> Schweben zwecklos hin und her und rennen
> Hoffnungslos in unversehnem Schmerz;
> Jauchzen wieder, wenn der schnellen Freuden
> Unerwart'te Morgenröte tagt;
> Nur uns armen Liebevollen beiden
> Ist das wechselseitige Glück versagt,
> Uns zu lieben, ohn uns zu verstehen,
> In dem andern sehn, was er nie war,
> Immer frisch auf Traumglück auszugehen
> Und zu schwanken auch in Traumgefahr.
>
> Glücklich, den ein leerer Traum beschäftigt,
> Glücklich, dem die Ahndung eitel wär!
> Jede Gegenwart und jeder Blick bekräftigt
> Traum und Ahndung leider uns noch mehr.
> Sag, was will das Schicksal uns bereiten?
> Sag, wie band es uns so rein genau?
> Ach, du warst in abgelebten Zeiten
> Meine Schwester oder meine Frau.

Charlotte von Stein.
Angebliches Selbstbildnis,
Bleistiftzeichnung

Kanntest jeden Zug in meinem Wesen,
Spähtest wie die reinste Nerve klingt,
Konntest mich mit Einem Blicke lesen,
Den so schwer ein sterblich Aug durchdringt;
Tropftest Mäßigung dem heißen Blute,
Richtetest den wilden irren Lauf,
Und in deinen Engelsarmen ruhte
Die zerstörte Brust sich wieder auf;
Hieltest zauberleicht ihn angebunden
Und vergaukeltest ihm manchen Tag.
Welche Seligkeit glich jenen Wonnestunden,
Da er dankbar dir zu Füßen lag.

Fühlt sein Herz an deinem Herzen schwellen,
Fühlte sich in deinem Auge gut,
Alle seine Sinnen sich erhellen
Und beruhigen sein brausend Blut!

Und von allem dem schwebt ein Erinnern
Nur noch um das ungewisse Herz,
Fühlt die alte Wahrheit ewig gleich im Innern,
Und der neue Zustand wird ihm Schmerz.
Und wir scheinen uns nur halb beseelet,
Dämmernd ist um uns der hellste Tag.
Glücklich, daß das Schicksal, das uns quälet
Uns doch nicht verändern mag!

Nicht zuletzt unter dem Einfluß Charlotte von Steins begann ein entscheidender innerer Wandlungsprozeß Goethes. Hand in Hand mit seinem Bemühen, die richtige Einstellung zu seinen amtlichen Aufgaben zu gewinnen, suchte er auch in seiner eigenen Lebensführung nach Besänftigung, Mäßigung und Klarheit. Er wollte sich endgültig von den Grillen und Leidenschaften seiner Jugend, besonders dem egozentrischen Subjektivismus der letzten Frankfurter Jahre lösen. *Streben nach Reinheit* wurde das Leitwort, mit dem er diese Gedanken zusammenfaßte. In seinen Tagebüchern maß er sein Handeln immer wieder an dem ersehnten Ideal und verzeichnete wie ein Kranker, der sich über seine Gesundung Rechenschaft gibt, Erreichtes und Verlorenes. So schrieb er etwa im Frühjahr 1778 an verschiedenen Tagen: *In schönem bestätigtem Wesen – still und rein;* dann wieder *seltsame Gärung.* Auf *traurig in mich gezogne Tage* folgt die Eintragung: *Diese Woche in immer gleicher fast zu reiner Stimmung. Schöne Aufklärungen über mich selbst und unsre Wirtschaft, Stille und Vorahndung der Weisheit... Bestimmteres Gefühl von Einschränkung und dadurch der wahren Ausbreitung.* Zu einer wirklichen Beruhigung fand er jedoch erst, als es ihm gelang, seine sittlichen Bemühungen auch in der Dichtung auszudrücken. Während er im Februar und März 1779 an verschiedenen Orten des Herzogtums die ihm unangenehmen Rekrutenaushebungen zu überwachen sowie den Zustand zahlreicher Landstraßen zu überprüfen hatte, schrieb er die erste Fassung der *Iphigenie auf Tauris.* Das Drama wurde der Spiegel seines *Strebens nach Reinheit.* So entspricht dem Wort Iphigenies *Ganz unbefleckt ist nur die Seele ruhig* durchaus die Eintragung seines Tagebuchs: *Heiliges Schicksal... laß mich frisch und zusammengenommen der Reinheit genießen.* Auch neben die Bemerkung des Pylades: *Vor Menschen ist das Halbbefleckte rein.* So

*Corona Schröter und Goethe als Iphigenie und Orest
in der ersten Aufführung der «Iphigenie auf Tauris»,
im April 1779. Stich von Friedrich Wilhelm Facius
nach einem Ölgemälde von Georg Melchior Kraus*

wunderbar ist dies Geschlecht gebildet und verknüpft, daß weder mit
sich selbst noch andern irgendeiner ganz reine Rechnung führen
kann, läßt sich eine gleichzeitige Selbstprüfung stellen: *Vor sich allein ist man wohl reine, ein andrer verrückt uns die Vorstellung durch
seine, hört man den dritten, so kommt man durch die Parallaxe wieder aufs erste wahre zurück.* Der Dialog zwischen Thoas und Iphigenie: *Wache Vorsicht vereitelt wohl die List. – – Und eine reine Seele
gebraucht sie nicht; ich hab sie nie, ich werd sie nie gebrauchen,* drückt
sich im persönlichen Erleben so aus: ... *und weil ich mich nicht um*

Lumperei kümmre, nicht klatsche und solche Rapporteurs nicht halte, *handle ich oft dumm... Durch Ruhe und Geradheit geht doch alles* *durch.* Schließlich klingt selbst in der Bitte Iphigenies an Thoas: *Laß* *mich mit reinen Händen, wie mit reinem Herzen hinübergehen, und* *unser Haus entsühnen!* eine Tagebuchnotiz an: *Möge die Idee des* *Reinen, die sich bis auf den Bissen erstreckt den ich in Mund nehme,* *immer lichter in mir werden.*

Die Zeit nach der Niederschrift der *Iphigenie*, besonders der Sommer 1779, bildete einen Höhepunkt in Goethes innerer Entwicklung bis zur Reise nach Italien. Nicht allein, daß er seinem *Streben nach* *Reinheit* dichterischen Ausdruck gegeben hatte, auch das Gefühl, in den amtlichen Aufgaben sicherer geworden zu sein, trug zu einer spürbaren Befestigung seines Wesens bei. Bei unerwarteten Katastrophen, Bränden in den Dörfern des Herzogtums, Überschwemmungen der Ilm und der Saale, griff er damals mit einer früher bei ihm nicht zu beobachtenden Gelassenheit ein: *Wollte Sonntags den* *25. (Juli) auf Berka. In der Nacht ward ein gewaltsam Feuer zu* *Apolda, ich früh, da ichs erst erfuhr, hin und ward den ganzen Tag* *gebraten und gesotten... Verbrannten mir auch meine Pläne, Gedan-* *ken und Einteilung der Zeit zum Teil mit. So geht das Leben durch bis*

Nächtlicher Dorfbrand.
Kreidezeichnung Goethes aus seiner ersten Weimarer Zeit

ans Ende, so werdens andre nach uns leben. Ich danke nur Gott, daß ich im Feuer und Wasser den Kopf oben habe, doch erwart ich sittsam noch starke Prüfungen, vielleicht binnen vier Wochen. Meine Ideen über Feuerordnung wieder bestätigt. Über hiesige besonders, wo man doch nur das Spiel, wie in allem, mit denen Karten spielt, die man in diesem Moment aufhebt ... Die Augen brennen mich von der Glut und dem Rauch, und die Fußsohlen schmerzen mich.

Das Elend wird mir nach und nach so prosaisch wie ein Kaminfeuer. Aber ich lasse doch nicht ab von meinen Gedanken und ringe mit dem unerkannten Engel, sollte ich mir die Hüfte ausrenken. Es weiß kein Mensch, was ich tue und mit wieviel Feinden ich kämpfe, um das Wenige hervorzubringen. Bei meinem Streben und Streiten und Bemühen bitte ich euch, nicht zu lachen, zuschauende Götter. Allenfalls lächeln mögt ihr, und mir beistehen.

Je *prosaischer* Goethe seine täglichen Aufgaben erschienen, desto mehr bemühte er sich um *Ordnung und Folge*. Nicht mehr das *Reine*, sondern *Ordnung*, nun das *Reine* einschließend, erscheint seit Anfang 1780 als das beherrschende Wort seiner täglichen Selbstprüfungen: *Immer weggearbeitet. – Hatt ich gute Blicke in Geschäften. Geht das Alltägliche ruhig und rein ... Rückte wieder an der Kriegskommissionsrepositur. Hab ich das doch in anderthalb Jahren nicht können zustand bringen! Es wird doch! Und ich wills so sauber schaffen, als wenns die Tauben gelesen hätten. – Täglich mehr Ordnung, Bestimmtheit und Konsequenz in allem.* Ein Brief an Lavater vom September 1780 stellt die Verbindung zu seinen innersten Überzeugungen her: *Das Tagewerk, das mir aufgetragen ist, das mir täglich leichter und schwerer wird, erfordert wachend und träumend meine Gegenwart. Diese Pflicht wird mir täglich teurer, und darin wünscht ich's den größten Menschen gleich zu tun und in nichts größerm. Diese Begierde, die Pyramide meines Daseins, deren Basis mir angegeben und gegründet ist, so hoch als möglich in die Luft zu spitzen, überwiegt alles andre und läßt kaum augenblickliches Vergessen zu. Ich darf mich nicht säumen, ich bin schon weit in Jahren vor, und vielleicht bricht mich das Schicksal in der Mitte und der babylonische Turm bleibt stumpf unvollendet. Wenigstens soll man sagen, es war kühn entworfen und wenn ich lebe, sollen will's Gott die Kräfte bis hinauf reichen.*

Vor dem Hintergrund solcher Selbstaufforderungen bahnte sich jedoch eine schwere seelische Krise Goethes an. Nach der Rückkehr von einer Reise in die Schweiz, die er mit Herzog Karl August im Herbst 1779 unternommen hatte, überkam ihn zum ersten Male ein Gefühl, als könne er *denen vielen Sachen*, die auf ihn drückten, *weniger widerstehn*. Während er im April 1780 zu beobachten glaubte,

An den Mond
Erste Fassung des Gedichts

daß er *täglich mehr in Blick und Geschick zum tätigen Leben gewann*, war es ihm zugleich *wie einem Vogel, der sich in Zwirn verwickelt hat: Ich fühle, daß ich Flügel habe und sie sind nicht zu brauchen.* Die Geschäfte, in denen er sich früher hatte *baden* wollen, fingen an, ihn Überwindung zu kosten und manchmal schien es ihm, als sei *des Getreibes zuviel.* An Charlotte von Stein schrieb er sogar: *Wieviel wohler wäre mir's wenn ich von dem Streit der politischen Elemente abgesondert, den Wissenschaften und Künsten wozu ich geboren bin, meinen Geist zuwenden könnte.* In einer solchen Stimmung *erfand* er im Februar 1780 den *Tasso*, dessen *eigentlichen Sinn* er später *die*

Disproportion des Talents mit dem Leben nannte. Eine solche *Disproportion* schien er auch mehr und mehr in seinem eigenen Dasein zu spüren. Bezeichnend für seine Haltung von etwa 1780 an bis zur Reise nach Italien ist die Bemerkung, er habe sich *in Geschäften gehalten.* In einem Brief an Johann Friedrich Krafft, einen durch unglückliche Umstände verarmten und darüber verzweifelnden Mann, den er mehrere Jahre hindurch aus seiner eigenen Tasche unterstützte, sagte er im Januar 1781: *Das Muß ist hart, aber beim Muß kann der Mensch allein zeigen, wie's inwendig mit ihm steht. Willkürlich leben kann jeder.*

Trotz solchen Entsagens waren die frühen Weimarer Jahre für Goethes künstlerische Produktion nicht verloren, legte er doch durch die Sammlung menschlicher Erfahrungen gerade die Wurzeln zu einigen seiner bedeutendsten Werke. Neben der Prosafassung der *Iphigenie*, die er vollendete, gehen hierher die Anfänge des *Wilhelm Meister*, die Konzeption des *Tasso*, auch manche nachweisbare Anregungen zum *Faust* zurück. Nicht der Zahl, aber dem Gewicht nach waren es fruchtbare Jahre für seine lyrische Produktion. In einer Winternacht, als die Ilm die Wiesen um sein Gartenhaus überschwemmte, schrieb er das Lied *An den Mond*: *Füllest wieder Busch und Tal*... Auf dem Kickelhahn oberhalb Ilmenaus kratzte er die Verse *Über allen Gipfeln ist Ruh*... in die Bretterwand eines abgelegenen Jagdhäuschens und bei einem Ritt von Weimar nach Goslar im Dezember 1777 entwarf er die *Harzreise im Winter*. Sein Aufgehen in der *Pflicht des Tages* gab den Hintergrund für die Gedichte *Grenzen der Menschheit* und *Das Göttliche*.

Schließlich fallen in die Jahre vor der Italienischen Reise auch die Anfänge von Goethes umfangreichen Studien zur Naturwissenschaft. Durch seine Oberaufsicht über das Ilmenauer Bergwerk wurde er gezwungen, sich in geologische und mineralogische Fragen zu vertiefen. Seine Aufgaben an der Universität Jena verleiteten ihn zu einer intensiven Beschäftigung mit vergleichender Anatomie. Bereits damals von seiner Konzeption einer *Urform und Verwandtschaft aller Lebewesen* durchdrungen, bewies er 1784 das Vorhandensein des Zwischenkieferknochens, den man bis dahin lediglich bei Tieren zu erkennen glaubte, auch beim Menschen. Fast hundert Jahre vor Darwin deutete er damit schon auf eine biologische Entwicklungslehre hin.

Nicht zuletzt die Freude an seinen Naturstudien führte Goethe aber immer erneut vor Augen, wie sehr er durch das Aufgehen im Staatsdienst seine eigentlichen Interessen vernachlässigt hatte. So steht am Ende seines zehnten Weimarer Jahres der Entschluß, sich, und sei es auch nur zeitweilig, von den dortigen Verhältnissen zu lösen. Nach Regelung all seiner amtlichen und persönlichen Angelegen-

Goethe
im Alter
von dreißig Jahren.
Pastellgemälde von
Georg Oswald May

heiten, nicht zuletzt durch einen Vertrag mit dem Verleger Göschen über die Herausgabe seiner *Schriften*, bat er den Herzog um einen *unbestimmten Urlaub*. Sein eigentlicher Aufbruch vollzog sich dann fast von einem Tag auf den anderen und glich, wie schon 1772 in Wetzlar und 1775 in Frankfurt, einer Flucht. Selbst gegenüber dem Herzog und Charlotte von Stein verlor er kein Wort von seinen konkreten Plänen. Unbemerkt trat er nach einem kurzen Badeaufenthalt in Böhmen die größte Reise seines Lebens an: *Den 3. September früh drei Uhr stahl ich mich aus dem Karlsbad weg, man hätte mich sonst nicht fortgelassen. Man merkte wohl, daß ich fort wollte ... ich ließ mich aber nicht hindern, denn es war Zeit ...*

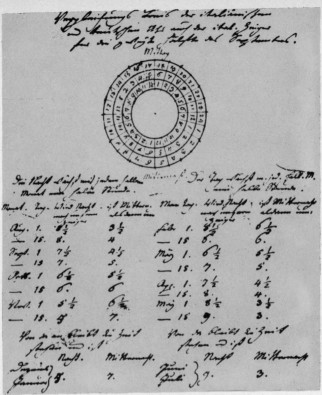

*Vergleichungs Kreis der italiänischen und teutschen Uhr,
auch der italiänische Zeiger für die zweyte Hälfte des
September. Einlage Goethes zu seinem Reisetagebuch
vom September 1786*

ITALIENISCHE REISE

Unter fremdem Namen, als Kaufmann Johann Philipp Möller, fuhr
Goethe mit der Postkutsche von Karlsbad aus nach Süden. In einem
äußerst sorgfältig geführten Journal hielt er seine sämtlichen Erlebnisse und Beobachtungen fest: *In Bayern stößt einem gleich das Stift
Waldsassen entgegen, ein köstlich Besitztum derer, die früher als andre klug waren. Es liegt in einer fruchtbaren Teller- (um nicht zu
sagen Kessel) Vertiefung, in einem schönen Wiesengrunde, rings
von fruchtbaren sanften Anhöhen umgeben und hat im Lande weit
Besitzungen. Der Boden ist aufgelöster Tonschiefer, den der Quarz,*

der sich im Tonschiefer befand und nicht aufgelöst ist, locker macht. Es liegt zwar noch hoch aber anmutig und die Felder sind fruchtbar.

Bis gegen Tirschenreuth steigt das Land noch, die Wasser fließen einem entgegen, nach der Eger und Elbe zu; von Tirschenreuth an fällt nun das Land südwärts ab und die Wasser laufen nach der Donau.

Tirschenreuth um fünfe. Treffliche Chaussee von Granitsand, es läßt sich keine vollkommenere denken. Die Gegend, durch die sie geht desto schlechter, auch Granitsand, flach liegend, moorig pp. Da nunmehr gute Chaussee ist und das Land abfällt, kommt man mit unglaublicher Schnelle fort, die gegen den böhmischen Schneckengang recht absticht. Ich war halb neun in Weiden, Nachts 1 Uhr in Wernberg, halb dreie Schwarzenfeld, halb fünfe Schwanendorf, halb achte Ponholz, um zehen in Regensburg und hatte also diese 12 1/4 Posten oder 24 1/2 Meile in 31 Stunden zurückgelegt.

Bereits diese am Beginn des Journals stehenden Aufzeichnungen deuten auf die Anschauungsweise, um die Goethe sich während der ganzen Reise bemühte. Er wollte nicht mehr, wie er es früher getan hatte, denken, empfinden, phantasieren, sondern die Gegenstände mit Augen sehen, prüfend beobachten, Kunstwerke und Landschaftsbilder ungetrübt erfassen. Ich hatte die Maxime ergriffen, mich so viel als möglich zu verleugnen und das Objekt so rein als nur zu tun wäre in mich aufzunehmen. Diesen Grundsatz befolgte ich getreulich ...

Über Regensburg, München, Innsbruck und den Brenner erreichte Goethe nach einer Woche angestrengten Fahrens in Trient italienischen Boden: Es ist mir als wenn ich hier geboren und erzogen wäre und nun von einer Grönlandsfahrt, von einem Walfischfang zurückkäme. Alles ist mir willkommen ... Als ihn dann in Torbole am Gardasee die südliche Landschaft völlig umfing, holte er aus seinem Gepäck das Manuskript der Iphigenie hervor und begann die Umformung der bisherigen Prosafassung in Jamben. Im Amphitheater von Verona stand er zum ersten Male einem Bauwerk der Antike gegenüber. Über Vicenza, wo ihn die Palastbauten Palladios fesselten, kam er nach Venedig. So stand es denn im Buche des Schicksals auf meinem Blatte geschrieben, daß ich 1786 den achtundzwanzigsten September, abends, nach unserer Uhr um fünfe, Venedig zum erstenmal, aus der Brenta in die Lagunen einfahrend, erblicken und bald darauf diese wunderbare Inselstadt, diese Biberrepublik betreten und besuchen sollte. So ist denn auch, Gott sei Dank, Venedig mir kein bloßes Wort mehr, kein hohler Name, der mich so oft, mich den Todfeind von Wortschällen, geängstigt hat.

Schon nach zwei Wochen reiste Goethe von Venedig aus weiter. In Bologna faßte er den Entschluß: Ich will nur durch Florenz durchgehen und grade auf Rom. Ich habe keinen Genuß an nichts, bis jenes erste Bedürfnis gestillt ist. Am 29. Oktober 1786 traf er dort ein: *Endlich bin ich in dieser Hauptstadt der alten Welt angelangt! Wenn ich sie in guter Begleitung, angeführt von einem recht verständigen Manne, vor fünfzehn Jahren gesehn hätte, wollte ich mich glücklich preisen. Sollte ich sie aber allein, mit eignen Augen sehen und besuchen; so ist es gut, daß mir diese Freude so spät zuteil ward.*

Über das Tiroler Gebirg bin ich gleichsam weggeflogen, Verona, Vicenza, Padua, Venedig habe ich gut, Ferrara, Cento, Bologna flüchtig und Florenz kaum gesehn. Die Begierde nach Rom zu kommen war so groß, wuchs so sehr mit jedem Augenblicke, daß kein Bleibens mehr war, und ich mich nur drei Stunden in Florenz aufhielt.

Nun bin ich hier und ruhig und wie es scheint auf mein ganzes Leben beruhigt.

Denn es geht, man darf wohl sagen, ein neues Leben an, wenn man das Ganze mit Augen sieht, das man teilweise in- und auswendig kennt. Alle Träume meiner Jugend seh ich nun lebendig, die ersten Kupferbilder, deren ich mich erinnre (mein Vater hatte die Prospekte von Rom auf einem Vorsaale aufgehängt) seh ich nun in Wahrheit, und alles was ich in Gemälden und Zeichnungen, Kupfern und Holzschnitten in Gips und Kork schon lange gekannt, steht nun beisammen vor mir, wohin ich gehe find ich eine Bekanntschaft in einer neuen Welt, es ist alles wie ich mir's dachte und alles neu.

Ebenso kann ich von meinen Beobachtungen von meinen Ideen sagen. Ich habe keinen ganz neuen Gedanken gehabt, nichts ganz fremd gefunden, aber die alten sind so bestimmt, so lebendig, so zusammenhängend geworden, daß sie für neu gelten können.

Der erste ununterbrochene Aufenthalt Goethes in Rom währte vier Monate. Die Betrachtung von Werken der bildenden Kunst stand im Mittelpunkt seines Lebens. *Man trifft Spuren einer Herrlichkeit und einer Zerstörung, die beide über unsere Begriffe gehen... Anderer Orten muß man das Bedeutende aufsuchen, hier werden wir davon überdrängt und überfüllt.* Wie er die *ungeheuren und doch gebildeten Massen* in sich aufnahm, glaubte er, ein *Mitgenosse der großen Ratschlüsse des Schicksals* zu werden. *Ich lasse mir nur alles entgegenkommen und zwinge mich nicht, dies oder jenes in dem Gegenstande zu finden. Wie ich die Natur betrachte, betrachte ich nun die Kunst; ich gewinne, wornach ich so lang gestrebt, auch einen vollständigern Begriff von dem Höchsten, was Menschen gemacht haben, und meine Seele bildet sich auch von dieser Seite mehr aus und sieht in ein freieres Feld.*

Neben den Kunstwerken Roms und der südländischen Landschaft zog Goethe besonders die Sinnenfreudigkeit des italienischen Volks-

Peterskirche und Petersplatz in Rom.
Kupferstich von Giovanni Battista Piranesi

lebens an. Er besuchte Theateraufführungen und Gerichtsverhandlungen, sah Prozessionen und Kirchenfeste, schließlich im Februar 1788 auch den Römischen Karneval. Die Erfahrung all dieser neuen Eindrücke bedeutete für ihn nach den vorausgegangenen Jahren eine seelische Erlösung. Er glaubte, *täglich eine neue Schale abzuwerfen,* ja eine *Veränderung bis aufs innerste Knochenmark* zu erfahren. In seinen Briefen sprach er von einer *Wiedergeburt,* die ihn *von innen heraus umarbeitet.* Wie fast nie zuvor und auch nur selten später in seinem Leben hatte er das uneingeschränkte Gefühl, glücklich zu sein.

Ich habe endlich das Ziel meiner Wünsche erreicht und lebe hier mit einer Klarheit und Ruhe, die Ihr Euch denkt, weil Ihr mich kennt. Meine Übung alle Dinge wie sie sind zu sehen und zu lesen, meine Treue das Auge licht sein zu lassen, meine völlige Entäußerung von aller Prätention, machen mich hier höchst im stillen glücklich. Alle Tage ein neuer merkwürdiger Gegenstand, täglich neue, große, seltsame Bilder und ein Ganzes, das man sich lange denkt und träumt, nie mit der Einbildungskraft erreicht.

Heute war ich bei der Pyramide des Cestius und abends auf dem Palatin, oben auf den Ruinen der Kaiserpaläste, die wie Felsenwände dastehn.

See im Innern Siziliens.
Lavierte Federzeichnung Goethes, 1787

Von allem diesem mag und kann ich nichts sagen, das sei zur Wie-
derkunft aufgespart. Was ich aber sagen kann und was mich am
tiefsten freut ist die Wirkung, die ich schon in meiner Seele fühle: es
ist eine innre Solidität mit der der Geist gleichsam gestempelt wird;
Ernst ohne Trockenheit und ein gesetztes Wesen mit Freude. Ich den-
ke die gesegneten Folgen auf mein ganzes Leben zu fühlen.

Die Tendenz zur *völligen Entäußerung von aller Prätention,* die
Goethe an sich beobachtete, überraschte auch diejenigen, die mit ihm
in Rom zusammenkamen. So schrieb der Maler Johann Heinrich Wilhelm Tischbein an Lavater: «Goethe war mir durch Ihnen und seine
anderen Freunde schon ziemlich bekannt, durch die vielen Beschrei-
bungen, welche ich von ihm machen hörte, und habe ihn eben so
gefunden, wie ich mir ihn dachte. Nur die große Gesetztheit und
Ruhe hätte ich mir in dem lebhaften Empfinder nicht denken können, und daß er sich in allen Fällen so bekannt und zu Hause findet.
Was mir noch so sehr an ihm freut, ist sein einfaches Leben. Er begehrte
von mir ein klein Stübchen wo er in schlafen und ungehindert in
arbeiten könnte, und ein ganzes einfaches Essen, das ich ihm denn
leicht verschaffen konnte, weil er mit so wenigem begnügt ist. Da
sitzet er nun jetzo und arbeitet des Morgens um seine Iphigenia

fertig zu machen, bis um neun Uhr, dann gehet er aus und siehet die großen hiesigen Kunstwerke. Mit was für einem Auge und Kenntnis er alles siehet, werden Sie sich leicht denken können, indem Sie wissen, wie wahr er denkt. Er läßt sich wenig von denen großen Weltmenschen stören, gibt und nimmt keinen Besuch außer von Künstlern an.»

Vom Februar bis zum Juni 1787 unternahm Goethe eine Reise in den Süden Italiens. Von Neapel aus besichtigte er die Ausgrabungen in Pompeji und die Tempel in Paestum, deren *stumpfe, kegelförmige, enggedrängte Säulenmassen* ihm allerdings zunächst *lästig, ja furchtbar* erschienen. Erst nach *Vergegenwärtigung des strengen Stils der Plastik* im Sinne Winckelmanns konnte er sich mit diesem Dokument der griechischen Baukunst, einem der wenigen, die er überhaupt mit Augen sah, *befreundet fühlen*. Dreimal bestieg er den Vesuv und beobachtete das *Zischen und Qualmen des Höllenbrudels* aus nächster Nähe. Zusammen mit dem Maler Christoph Heinrich Kniep, der ihn im Aquarellieren unterrichtete, fuhr er nach Sizilien. Ohne die Kenntnis der Insel, glaubte er, könne man sich kein Bild von Italien machen: *Hier ist erst der Schlüssel zu allem.* In Palermo, Taormina und Messina vertiefte er sich ganze Tage lang in Homer und gewann den Eindruck, als werde ihm die «Odyssee» zum ersten Male *ein lebendiges Wort*. Der Plan zu einem Trauerspiel über die Begegnung des Odysseus mit Nausikaa beschäftigte ihn zeitweilig so intensiv, daß es ihm in der Erinnerung erschien, als habe er darüber *den größten Teil seiner übrigen sizilianischen Reise verträumt.*

Ein zweites wichtiges Ergebnis seines Aufenthaltes in Sizilien erwuchs Goethe aus seinen naturwissenschaftlichen Studien. Nachdem er schon während der letzten Jahre über das Gesetzliche in aller Pflanzen- und Tierentwicklung *gar denkreich gegrübelt* hatte, brachten ihn seine Beobachtungen im botanischen Garten von Palermo zu der scheinbar spontanen *Erfindung* der *Urpflanze*, in der er das *Prinzip der ursprünglichen Identität aller Pflanzenteile* erkannt zu haben glaubte. An Herder schrieb er darüber: *Ferner muß ich Dir vertrauen, daß ich dem Geheimnis der Pflanzenzeugung und Organisation ganz nahe bin, und daß es das einfachste ist, was nur gedacht werden kann. Unter diesem Himmel kann man die schönsten Beobachtungen machen. Den Hauptpunkt, wo der Keim steckt, habe ich ganz klar und zweifellos gefunden; alles übrige seh' ich auch schon im Ganzen und nur noch einige Punkte müssen bestimmter werden. Die Urpflanze wird das wunderlichste Geschöpf von der Welt, um welches mich die Natur selbst beneiden soll. Mit diesem Modell und dem Schlüssel dazu kann man alsdann noch Pflanzen ins Unendliche erfinden, die konsequent sein müssen, das heißt: die, wenn sie auch*

*nicht existieren, doch existieren könnten und nicht etwa malerische
oder dichterische Schatten und Scheine sind, sondern eine innerliche
Wahrheit und Notwendigkeit haben. Dasselbe Gesetz wird sich auf
alles übrige Lebendige anwenden lassen.*

Nach seiner Rückkehr aus Süditalien blieb Goethe noch fast ein
Jahr in Rom. Dieser *zweite römische Aufenthalt* wurde für ihn
eine Zeit intensiven und gleichmäßigen Arbeitens. Er zeichnete mehrere hundert Sepiablätter, vollendete den *Egmont* und die Neufas-
sung der *Iphigenie* in Jamben, schrieb am *Tasso* und verfaßte eine
Schilderung des *Römischen Karnevals*. Mit dem Komponisten Philipp Christoph Kayser besprach er eine *Symphonie zu Egmont* und
hörte häufig altitalienische Kirchenmusik. In Castel Gandolfo ver-
brachte er zwei idyllische Wochen in dem Kreis um den englischen
Maler Thomas Jenkins und die *schöne Mailänderin* Maddalena
Riggi. Die in der *Italienischen Reise* festgehaltenen Erinnerungen
an sie, dazu Hinweise der *Römischen Elegien* auf ein Mädchen namens Faustina sind Zeichen einer damals bei ihm erwachenden Sinn-
lichkeit, wie er sie vor seiner Abreise aus Weimar kaum gekannt zu
haben scheint.

Vor allem anderen aber bemühte er sich immer wieder um eine
systematische Erweiterung seiner kunsthistorischen Kenntnisse. Unermüdlich besuchte er die Bauten, Galerien und Museen der Stadt.

*Die Pyramide des Cestius mit Grabmal im Vollmondlicht.
Grau getuschte Federzeichnung Goethes, 1788*

Wie in den ersten Monaten seines römischen Aufenthaltes waren Künstler und Kunstgelehrte sein täglicher und fast ausschließlicher Umgang: Tischbein, Johann Friedrich Reiffenstein, Alexander Trippel, Philipp Hackert, Angelika Kauffmann, Karl Philipp Moritz. Besonders nahe trat ihm der *stille, einsam-fleißige* Schweizer Maler Johann Heinrich Meyer. Sein Einfluß — *er ging den sichern, von Winckelmann und Mengs eröffneten Pfad ruhig fort* — erwies sich für Goethe allerdings als verhängnisvoll, wurde es doch vor allem Meyer, der ihn später immer wieder davon abhielt, seine Aufmerksamkeit anderen Kunstrichtungen als einem strengen Klassizismus zu schenken.

Schwer fiel Goethe die Trennung von Rom. Noch 1829, als er das Schlußkapitel der *Italienischen Reise* diktierte, stand ihm vor Augen, wie er die Stadt in Gedanken an seinen Abschied mehrere Tage lang schwermütig durchstreift hatte, zuletzt noch einmal bei hellem Mondenschein: *Nach zerstreuenden, mitunter peinlich zugebrachten Tagen, macht' ich den Umgang mit wenigen Freunden einmal ganz allein. Nachdem ich den langen Corso, wohl zum letztenmal, durchwandert hatte, bestieg ich das Kapitol, das wie ein Feenpalast in der Wüste dastand. Die Statue Marc Aurels rief den Kommandeur in Don Juan zur Erinnerung und gab dem Wanderer zu verstehen, daß er etwas Ungewöhnliches unternehme. Dessenungeachtet ging ich die hintere*

Treppe hinab. Ganz finster, finstern Schatten werfend, stand mir der Triumphbogen des Septimius Severus entgegen; in der Einsamkeit der Via Sacra erschienen die sonst so bekannten Gegenstände fremdartig und geisterhaft. Als ich aber den erhabenen Resten des Kolosseums mich näherte und in dessen verschlossenes Innere durchs Gitter hineinsah, darf ich nicht leugnen, daß mich ein Schauer überfiel und meine Rückkehr beschleunigte.

Alles Massenhafte macht einen eignen Eindruck zugleich als erhaben und faßlich, und in solchen Umgängen zog ich gleichsam ein unübersehbares summa summarum meines ganzen Aufenthaltes. Dieses in aufgeregter Seele tief und groß empfunden, erregte eine Stimmung, die ich heroisch-elegisch nennen darf, woraus sich in poetischer Form eine Elegie zusammenbilden wollte.

Und wie sollte mir gerade in solchen Augenblicken Ovids Elegie nicht ins Gedächtnis zurückkehren, der, auch verbannt, in einer Mondnacht Rom verlassen sollte. Cum repeto noctem! seine Rückerinnerung, weit hinten am Schwarzen Meere, im trauer- und jammervollen Zustande, kam mir nicht aus dem Sinn, ich wiederholte das Gedicht, das mir teilweise genau im Gedächtnis hervorstieg, aber mich wirklich an eigner Produktion irre werden ließ und hinderte; die auch, später unternommen, niemals zustande kommen konnte.

Wandelt von jener Nacht mir das traurige Bild vor die Seele,
    Welche die letzte für mich ward in der römischen Stadt,
Wiederhol' ich die Nacht, wo des Teuren soviel mir zurückblieb,
    Gleitet vom Auge mir noch jetzt eine Träne herab.
Und schon ruhten bereits die Stimmen der Menschen und Hunde,
    Luna sie lenkt' in der Höh' nächtliches Rossegespann.
Zu ihr schaut' ich hinan, sah dann kapitolische Tempel,
    Welchen umsonst so nah unsere Laren gegrenzt.

Goethe im Alter von 42 Jahren.
Kreidezeichnung von Johann Heinrich Lips

EVOLUTION UND REVOLUTION

Die Rückkehr nach Deutschland war für Goethe mit Enttäuschungen
verknüpft. Obgleich er von Rom aus versucht hatte, die Weimarer
Freunde nicht nur an seinen äußeren Erlebnissen, sondern auch an
seinen menschlichen Erfahrungen teilnehmen zu lassen, gelang es

ihm kaum, die früheren Beziehungen zu ihnen wieder aufzunehmen. *Aus Italien, dem formreichen, war ich in das gestaltlose Deutschland zurückgewiesen, heiteren Himmel mit einem düsteren zu vertauschen; die Freunde, statt mich zu trösten und wieder an sich zu ziehen, brachten mich zur Verzweiflung. Mein Entzücken über entfernteste, kaum bekannte Gegenstände, mein Leiden, meine Klagen über das Verlorne schien sie zu beleidigen, ich vermißte jede Teilnahme, niemand verstand meine Sprache.*

Goethe fühlte sich isoliert. Herzog Karl August, mit dem der Kontakt vielleicht noch am leichtesten wiederherzustellen gewesen wäre, war durch seine Verpflichtungen als preußischer General viel außer Landes. Herder, nur allzu deutlich empfindend, daß er seinen früheren Einfluß auf Goethe verloren hatte, zog sich voll düsteren Mißmutes zurück. Und Charlotte von Stein grollte noch immer wegen der heimlichen Abreise vor anderthalb Jahren. Sie empfing Goethe trotz seiner *flehentlichen, fußfälligen Bitten*, ihm die Rückkunft zu erleichtern, *ohne Herz* und schien ihn nicht mehr verstehen zu wollen. So kam es gegen Anfang des Jahres 1789 zum Bruch mit ihr. Statt in Weimar suchte Goethe seinen Umgang unter den Professoren der Jenaer Universität und berief Heinrich Meyer als Lehrer an die herzogliche Zeichenschule. Mehrfach begegnete er Schiller, der damals schon in Rudolstadt und Jena lebte, ohne allerdings nähere Beziehungen zu ihm aufzunehmen. Den Grund für diese Fremdheit erkannte Schiller in den beiderseitigen verschiedenen «Vorstellungsarten»: «Goethes Philosophie holt zuviel aus der Sinnenwelt, wo ich aus der Seele hole...» Auch persönlich fühlte er sich zurückgestoßen: «Öfters um Goethe zu sein, würde mich unglücklich machen: er hat auch gegen seine nächsten Freunde kein Moment der Ergießung, er ist an nichts zu fassen; ich glaube in der Tat, er ist ein Egoist in ungewöhnlichem Grade. Er besitzt das Talent, die Menschen zu fesseln, und durch kleine sowohl als große Attentionen sich verbindlich zu machen; aber sich selbst weiß er immer frei zu behalten. Er macht seine Existenz wohltätig kund, aber nur wie ein Gott, ohne sich selbst zu geben – dies scheint mir eine konsequente und planmäßige Handlungsart, die ganz auf den höchsten Genuß der Eigenliebe kalkuliert ist. Ein solches Wesen sollten die Menschen nicht um sich herum aufkommen lassen. Mir ist er dadurch verhaßt, ob ich gleich seinen Geist von ganzem Herzen liebe und groß von ihm denke. Ich betrachte ihn wie eine stolze Prüde, der man ein Kind machen muß, um sie vor der Welt zu demütigen. – Eine ganz sonderbare Mischung von Haß und Liebe ist es, die er in mir erweckt hat, eine Empfindung, die derjenigen nicht ganz unähnlich ist, die Brutus und Cassius gegen Cäsar gehabt haben müssen; ich könnte seinen Geist umbringen und ihn

Christiane.
Bleistift- und Federzeichnung Goethes

wieder von Herzen lieben ... Sein Kopf ist reif, und sein Urteil über mich wenigstens eher gegen mich als für mich parteiisch. Weil mir nun überhaupt nur daran liegt, Wahres von mir zu hören, so ist dies gerade der Mensch unter allen, die ich kenne, der mir diesen Dienst tun kann. Ich will ihn auch mit Lauschern umgeben, denn ich selbst werde ihn nie über mich befragen.»

Nicht ohne Einfluß auf Schillers Urteil war sicherlich auch der Klatsch geblieben, der sich in Weimar um Goethes häusliche Verhältnisse gebildet hatte. Der einfache Tatbestand war, daß er kaum einen Monat nach seiner Rückkehr aus Rom ein dreiundzwanzigjähriges Mädchen aus einer kleinbürgerlichen Familie der Stadt, Christiane Vulpius, die ihn durch ihre *naturhafte Persönlichkeit* angezogen hatte, zu seiner Geliebten und bald darauf zu seiner dauernden Hausgenossin gemacht hatte. Mit den Worten *Ich bin verheiratet, nur nicht durch Zeremonie* charakterisierte er selbst diese Verbindung, in der er, allen gesellschaftlichen Verleumdungen zum Trotz, große Beglückung fand. Von fünf Kindern, die Christiane ihm schenkte, blieb nur der 1789 geborene erste Sohn August am Leben. Dichterisches Zeugnis der Neigung Goethes wurden die sinnlich-freien *Römischen Elegien*, in denen sich die Züge Christianes mit denen der Römerin Faustina verbanden.

Seine früheren Aufgaben als weimarischer Staatsbeamter übernahm Goethe nach 1788 nur noch in beschränktem Umfang. Der Form nach blieb er zwar noch Mitglied des «Geheimen Conseils», konzentrierte seine Aufmerksamkeit nun aber fast ausschließlich auf die wissenschaftlichen und künstlerischen Anstalten des Herzogtums, darunter besonders die Universität Jena. Mit großer Teilnahme widmete er sich der Leitung des 1791 begründeten Weimarer Hoftheaters und entwickelte es innerhalb weniger Jahre zu einer der angesehensten deutschen Bühnen. Allerdings mußte er dabei die Enttäuschung erleben, daß das Publikum mehr an den heute vergessenen

Die Metamorphose der Pflanze vom Samen bis zur Blüte.
Federzeichnung Goethes, nach 1790

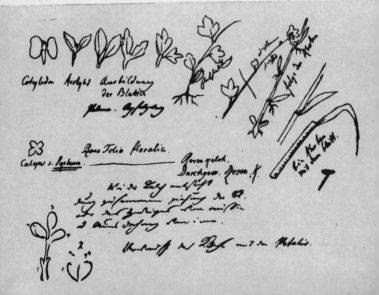

Unterhaltungsstücken von Iffland und Kotzebue als an seinen eigenen oder Schillers Dichtungen interessiert war.

Nur wenige poetische Werke entstanden in dieser Zeit: die *Römischen Elegien*, die *Venezianischen Epigramme*, einige theatralische Gelegenheitsdichtungen und die hexametrische Bearbeitung des niederdeutschen Tierepos *Reineke Fuchs*. Statt zur Dichtung trieb es Goethe *mehr als jemals zur Naturwissenschaft*. Intensiv und unermüdlich stellte er optische, botanische und anatomische Versuche an. Auf seiner früheren Konzeption der *Urpflanze* aufbauend, entwarf er ein evolutionistisches System aller Pflanzenentwicklung, das er *Die Metamorphose der Pflanzen* nannte. In der 123 Paragraphen umfassenden Schrift, die bereits 1790 im Druck erschien, versuchte er nachzuweisen, daß alle Teile der Pflanzen auf e i n Grundorgan: das sich aus dem Knoten entwickelnde Blatt, zurückzuführen seien. Durch eine stufenweis vollzogene Umwandlung bilden sich die fertigen Pflanzen, deren Mannigfaltigkeit sich wiederum durch verschiedene Abarten der Metamorphose erklärt. *Es mag nun die Pflanze sprossen, blühen oder Früchte bringen, so sind es doch nur immer dieselbigen Organe, welche, in vielfältigen Bestimmungen und unter oft veränderten Gestalten, die Vorschrift der Natur erfüllen. Dasselbe Organ, welches am Stengel als Blatt sich ausgedehnt und eine höchst mannigfaltige Gestalt angenommen hat, zieht sich nun im Kelche zusammen, dehnt sich im Blumenblatte wieder aus, zieht sich in den Geschlechtswerkzeugen zusammen, um sich als Frucht zum letztenmal auszudehnen.* Ähnliche Gedanken entwickelte Goethe auch in der Osteologie. Als er im Frühjahr 1790 der Herzogin-Mutter Anna Amalia, die von einem längeren Italienaufenthalt zurückkehrte, bis Venedig entgegenreiste, brachte ihn am Lido der Fund eines Schafgerippes auf die Entdeckung, daß bei Tieren wie bei Menschen *die sämtlichen Schädelknochen aus verwandten Wirbelknochen entstanden*. Von hier aus war es nur noch ein Schritt zu seiner in den kommenden Jahren umfassend ausgebildeten Lehre von der Morphologie, nach der alle Gestalt *ein Bewegliches, ein Werdendes, ein Vergehendes* ist: *Gestaltlehre ist Verwandlungslehre.*

Nicht ohne unmittelbare Verbindung zu Goethes naturwissenschaftlichen Studien ist sein Verhältnis zur Französischen Revolution zu sehen. Obgleich ihn der *unsittliche Stadt- Hof- und Staatsabgrund* der bourbonischen Monarchie seit langem beängstigt hatte, besonders seit dem unseligen «Halsbandskandal», war seine Haltung zur Revolution im Grunde durch die Überzeugung festgelegt, daß sich alle Veränderungen in der menschlichen Gesellschaft wie auch in der Natur durch Evolution vollziehen müssen. Im Gegensatz zu dem *an Wahnsinn grenzenden* Pathos, mit dem der Bastillesturm etwa von

Schiller, Klopstock, ja selbst von Wieland und Herder begrüßt wurde, war er erschüttert von der Gefahr, welche die Entfesselung revolutionärer Instinkte für jede geistige Kultur bedeutete. Bereits in den zwischen 1791 und 1794 entstandenen Dramen *Der Groß-Cophta,* *Der Bürgergeneral* und *Die Aufgeregten* sowie den *Unterhaltungen* *deutscher Ausgewanderten* distanzierte er sich von dem Gedanken, politische Mißstände durch gewaltsamen Umsturz zu beseitigen. Gegen den Vorwurf der Interesselosigkeit an der Sache der Freiheit, den er dafür allerdings in Kauf nehmen mußte, verteidigte er sich noch 1824 gegenüber Eckermann:

Es ist wahr, ich konnte kein Freund der Französischen Revolution *sein, denn ihre Greuel standen mir zu nahe und empörten mich täg-* *lich und stündlich, während ihre wohltätigen Folgen damals noch* *nicht zu ersehen waren. Auch konnte ich nicht gleichgültig dabei sein,* *daß man in Deutschland künstlicherweise ähnliche Szenen herbeizu-* *führen trachtete, die in Frankreich Folge einer großen Notwendigkeit* *waren.*

Ebensowenig aber war ich ein Freund herrischer Willkür. Auch *war ich vollkommen überzeugt, daß irgendeine große Revolution* *nie Schuld des Volkes ist, sondern der Regierung. Revolutionen sind* *ganz unmöglich, sobald die Regierungen fortwährend gerecht und* *fortwährend wach sind, so daß sie ihnen durch zeitgemäße Verbes-* *serungen entgegenkommen und sich nicht so lange sträuben, bis das* *Notwendige von unten her erzwungen wird.*

Weil ich nun aber die Revolutionen haßte, so nannte man mich *einen Freund des Bestehenden. Das ist aber ein sehr zweideutiger* *Titel, den ich mir verbitten möchte. Wenn das Bestehende alles vor-* *trefflich, gut und gerecht wäre, so hätte ich gar nichts dawider. Da* *aber neben vielem Guten zugleich viel Schlechtes, Ungerechtes und* *Unvollkommenes besteht, so heißt ein Freund des Bestehenden oft* *nicht viel weniger als ein Freund des Veralteten und Schlechten.*

Die Zeit aber ist in ewigem Fortschreiten begriffen, und die mensch- *lichen Dinge haben alle fünfzig Jahre eine andere Gestalt, so daß* *eine Einrichtung, die im Jahre 1800 eine Vollkommenheit war, schon* *im Jahre 1850 vielleicht ein Gebrechen ist.*

In persönliche Berührung mit den Zeitereignissen kam Goethe im Sommer 1792, als die Heere Österreichs und Preußens zu ihrem erfolglosen Feldzug gegen die Revolutionsarmeen antraten. Auf eine Bitte des Herzogs Karl August, der ein preußisches Regiment kommandierte, schloß er sich dessen Gefolge an. Nach unmittelbaren Aufzeichnungen, aber auch auf Grund eingehender Urkundenstudien berichtete er über seine Erfahrungen noch fast dreißig Jahre später in der *Kampagne in Frankreich.* Durch eine ineinandergrei-

Der Rückzug der Koalitionsarmee bei Valmy.
Kupferstich von J. C. Bock nach einer Zeichnung von J. Volz

fende Darstellung von militärischen Vorgängen, privaten Erlebnissen und kritischen Gedanken über das *Hinleben zwischen Ordnung und Unordnung, zwischen Erhalten und Verderben, zwischen Rauben und Bezahlen* ist das Werk bezeichnend für den von den allgemeinen Leidenschaften kaum erfaßten Beobachter. Während der Beschießung Verduns galt sein Interesse einem mit Wasser gefüllten Erdtrichter, in dem durch kleine Fische prismatische Farbeffekte entstanden. Und während des für die Verbündeten verhängnisvollen Versuchs, durch einen Vorstoß bei Valmy am 20. September 1792 den Weg nach Paris zu öffnen, schien er mehr die physikalischen Effekte der Kanonade als das eigentliche Kriegsgeschehen zu beobachten. Als dann jedoch gegen Ende dieses Tages die Niederlage der Verbündeten offenbar wurde, war gerade er es, der die politische Entwicklung bis zum Zusammenbruch des Heiligen Römischen Reiches klar voraussah: *So war der Tag hingegangen; unbeweglich standen die Franzosen ... unsere Leute zog man aus dem Feuer zurück, und es war eben, als wenn nichts gewesen wäre. Die größte Bestürzung verbreitete sich über die Armee. Noch am Morgen hatte man nicht anders gedacht als die sämtlichen Franzosen anzuspießen und aufzuspeisen, ja mich selbst hatte das unbedingte Vertrauen auf ein solches Heer, auf den Herzog von Braunschweig, zur Teilnahme an dieser gefährlichen Expedition gelockt; nun aber ging je-*

der vor sich hin, man sah sich nicht an, oder wenn es geschah so war es um zu fluchen, oder zu verwünschen. Wir hatten, eben als es Nacht werden wollte, zufällig einen Kreis geschlossen, in dessen Mitte nicht einmal wie gewöhnlich ein Feuer konnte angezündet werden, die meisten schwiegen, einige sprachen, und es fehlte doch eigentlich einem jeden Besinnung und Urteil. Endlich rief man mich auf, was ich dazu denke, denn ich hatte die Schar gewöhnlich mit kurzen Sprüchen erheitert und erquickt; diesmal sagte ich: «Von hier und heute geht eine neue Epoche der Weltgeschichte aus, und ihr könnt sagen, ihr seid dabei gewesen.»

Nach dem Zusammenbruch der verbündeten Armeen kehrte Goethe über Trier, Düsseldorf und Münster nach Weimar zurück. Längere Besuche bei Friedrich Heinrich Jacobi in Düsseldorf und der Fürstin Gallitzin in Münster halfen ihm, von den Erlebnissen in Frankreich Abstand zu gewinnen. Noch einmal wurde er jedoch, wieder im Gefolge des Herzogs Karl August, Augenzeuge des Krieges, als im folgenden Sommer die Verbündeten das von den Franzosen besetzte Mainz belagerten. Dabei kam es nach dem Bombardement und der Übergabe der Stadt am 22. Juli 1793 zu einer für Goethes Denkungsart aufschlußreichen Episode: als er in der Nähe des Mainzer Chausseehauses den Auszug der französischen Truppen beobachtete, machte eine Gruppe von Einheimischen Miene, einen verhaßten Klubbisten, der ebenfalls unter dem Schutz des freien Geleits die Stadt verlassen wollte, mitsamt seinen Angehörigen zu überfallen. In diesem Augenblick griff Goethe persönlich ein, wies das wütende Volk zurück und machte den Weg für die Flüchtenden frei. Der Vorgang führte zu einer Aussprache mit dem englischen Maler Charles Gore, der die Szene beobachtet hatte:

Als ich nach meiner Expedition zu Freund Gore hinaufkam, rief er mir in seinem Englisch-Französisch entgegen: Welche Fliege sticht euch, ihr habt euch in einen Handel eingelassen, der übel ablaufen konnte.

Dafür war mir nicht bange, versetzte ich; und findet ihr nicht selbst hübscher, daß ich euch den Platz vor dem Hause so rein gehalten habe? wie säh' es aus, wenn das nun alles voll Trümmer läge, die jedermann ärgerten, leidenschaftlich aufregten und niemand zugute kämen; mag auch jener den Besitz nicht verdienen den er wohlbehaglich fortgeschleppt hat.

Indessen aber ging der Abzug der Franzosen gelassen unter unserm Fenster vorbei; die Menge die kein Interesse weiter daran fand verlief sich; wer es möglich machen konnte, suchte sich einen Weg, um in die Stadt zu schleichen, die Seinigen, und was von ihrer Habe allenfalls gerettet sein konnte, wiederzufinden und sich dessen

Beschildeter Arm, gegen ein vorüberziehendes
Wetter Bücher beschützend.
Kupferstich nach einem Bild
von Johann Friedrich Heideloff
mit Goethes faksimilierter Unterschrift

zu erfreuen. Mehr aber trieb sie die höchst verzeihliche Wut ihre
verhaßten Feinde die Klubbisten und Komitisten zu strafen, zu ver-
nichten, wie sie mitunter bedrohlich genug ausriefen.

Indessen konnte sich mein guter Gore nicht zufrieden geben,
daß ich, mit eigener Gefahr, für einen unbekannten, vielleicht ver-
brecherischen Menschen so viel gewagt habe. Ich wies ihn immer
scherzhaft auf den reinen Platz vor dem Hause und sagte zuletzt
ungeduldig: es liegt nun einmal in meiner Natur, ich will lieber
eine Ungerechtigkeit begehen als Unordnung ertragen.

Die letzten Worte, von Goethe später in seinem Bericht über die
Belagerung von Mainz ausdrücklich wiederholt, zeigen noch einmal,
wie den auf organische Entfaltung bedachten Forscher das gewaltsame Handeln einer von Leidenschaften getriebenen Masse im Tief-

sten beunruhigte. Sowohl revolutionäre als auch nationalistische Parolen waren ihm, zum Ärger manches Zeitgenossen, fremd. Für seine eigene Person glaubte er, sei es in politisch ungeklärten Zeiten das Beste, in seiner *stillen Werkstatt zu verharren* und *das heilige Feuer der Wissenschaft und Kunst, und wäre es auch nur als Funken unter der Asche, sorgfältig zu bewahren, damit nach vorübergegangener Kriegesnacht bei einbrechenden Friedenstagen es an dem unentbehrlichen Prometheischen Feuer nicht fehle.*

DAS JAHRZEHNT MIT SCHILLER

Aus der geistigen Abschließung, in die Goethe nach der Italienischen Reise nicht ohne eigenes Zutun geraten war, befreite ihn die Bekanntschaft mit Schiller. Wie folgenreich dieses unerwartete *glückliche Ereignis* für ihn wurde, hat er oft betont, allerdings auch nicht ohne zu erwähnen, welche Hindernisse eine frühere Annäherung unmöglich gemacht hatten. Die *ethischen und theatralischen Paradoxen*, die sich mit den «Räubern» im *vollen hinreißenden Strome über das Vaterland ausgegossen* hatten, waren seinen eigenen Gesinnungen lange *diametral* entgegengerichtet gewesen, und selbst Schillers Eintreten für den *Werther* hatte ihn eher zurückgestoßen als angezogen. Durch die Beschäftigung mit den Schriften Kants hatte Schiller jedoch seit Anfang der neunziger Jahre eine innere Wandlung erlebt, die in manchem der vergleichbar war, welche Goethe durch die Reise nach Italien erfahren hatte. Das bei beiden Dichtern unabhängig voneinander einsetzende Bemühen um normative Kunstanschauungen ermöglichte und begünstigte die Verständigung, die sich schließlich gegen Ende Juli 1794 nach einer Sitzung der Jenaer «Naturforschenden Gesellschaft» scheinbar *zufällig* ergab:

... *ein Gespräch knüpfte sich an, er (Schiller) schien an dem Vorgetragenen teil zu nehmen, bemerkte aber sehr verständig und einsichtig und mir sehr willkommen, wie eine so zerstückelte Art die Natur zu behandeln, den Laien, der sich gern darauf einließe, keineswegs anmuten könne.*

Ich erwiderte darauf: daß sie den Eingeweihten selbst vielleicht unheimlich bleibe und daß es doch wohl noch eine andere Weise geben könne die Natur nicht gesondert und vereinzelt vorzunehmen, sondern sie wirkend und lebendig, aus dem Ganzen in die Teile strebend, darzustellen. Er wünschte hierüber aufgeklärt zu sein, verbarg aber seine Zweifel nicht; er konnte nicht eingestehen, daß ein solches, wie ich behauptete, schon aus der Erfahrung hervorgehe.

Wir gelangten zu seinem Hause, das Gespräch lockte mich hinein; da trug ich die Metamorphose der Pflanzen lebhaft vor, und ließ, mit manchen charakteristischen Federstrichen, eine symbolische Pflanze vor seinen Augen entstehen. Er vernahm und schaute das alles mit großer Teilnahme, mit entschiedener Fassungskraft; als ich aber geendet, schüttelte er den Kopf und sagte: das ist keine Erfahrung, das ist eine Idee. Ich stutzte, verdrießlich einigermaßen: denn der Punkt der uns trennte, war dadurch aufs strengste bezeichnet. Die Behauptung aus «Anmut und Würde» fiel mir wieder ein, der alte

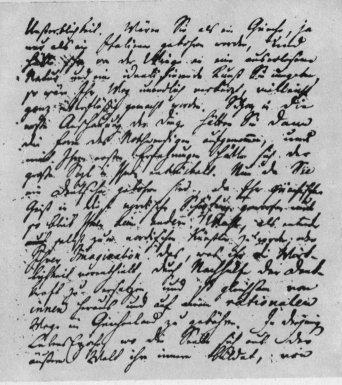

Aus Schillers Brief
an Goethe vom 23. August 1794

Groll wollte sich regen, ich nahm mich aber zusammen und versetzte: das kann mir sehr lieb sein, daß ich Ideen habe ohne es zu wissen und sie sogar mit Augen sehe.

Schiller, der viel mehr Lebensklugheit und Lebensart hatte als ich und mich auch wegen der «Horen», die er herauszugeben im Begriff stand, mehr anzuziehen als abzustoßen gedachte, erwiderte darauf als ein gebildeter Kantianer; und als aus meinem hartnäckigen Realismus mancher Anlaß zu lebhaftem Widerspruch entstand, so ward viel gekämpft und dann Stillstand gemacht; keiner von beiden konnte sich für den Sieger halten, beide hielten sich für unüberwindlich. Sätze wie folgender machten mich ganz unglücklich: «Wie kann jemals Erfahrung gegeben werden, die einer Idee angemessen sein *sollte? denn darin besteht eben das Eigentümliche der letztern, daß ihr niemals eine Erfahrung kongruieren könne.»* Wenn er das für eine Idee hielt, was ich als Erfahrung aussprach, so mußte doch zwischen beiden irgend etwas Vermittelndes, Bezügliches obwalten! Der erste Schritt war jedoch getan. Schillers Anziehungskraft war groß, er hielt alle fest, die sich ihm näherten.

Schiller war es, der nach diesem ersten Kontakt den nächsten Schritt machte. Mit einem Brief, der nicht nur die von Goethe erkannte *Lebensklugheit und Lebensart*, sondern auch seine menschliche Größe bezeugt, legte er den Grund für die sich bald entwickelnde Freundschaft.

Schiller. Ölgemälde von Ludovike Simanowiz, 1793

Als er ihn schrieb, war er fünfunddreißig, Goethe fünfundvierzig Jahre alt: «Lange schon habe ich, obgleich aus ziemlicher Ferne, dem Gang Ihres Geistes zugesehen und den Weg, den Sie sich vorgezeichnet haben, mit immer erneuerter Bewunderung bemerkt. Sie suchen das Notwendige der Natur, aber Sie suchen es auf dem schwersten Wege, vor welchem jede schwächere Kraft sich wohl hüten wird. Sie nehmen die ganze Natur zusammen, um über das Einzelne Licht zu bekommen; in der Allheit ihrer Erscheinungsarten suchen Sie den Erklärungsgrund für das Individuum auf. Von der einfachen Organisation steigen Sie, Schritt vor Schritt, zu den mehr verwickelten hinauf, um endlich die verwickeltste von allen, den Menschen, genetisch aus den Materialien des ganzen Naturgebäudes zu erbauen. Dadurch, daß Sie ihn der Natur gleichsam nacherschaffen, suchen Sie in seine verborgene Technik einzu-

Jena von Süden.
Kolorierte Federzeichnung von Ernst Ferdinand Oehme

dringen. Eine große und wahrhaft heldenmäßige Idee, die zur Genüge zeigt, wie sehr Ihr Geist das reiche Ganze seiner Vorstellungen in einer schönen Einheit zusammenhält. Sie können niemals gehofft haben, daß Ihr Leben zu einem solchen Ziele zureichen werde, aber einen solchen Weg auch nur einzuschlagen, ist mehr wert, als jeden andern zu endigen – und Sie haben gewählt, wie Achill in der Ilias zwischen Phthia und der Unsterblichkeit. Wären Sie als ein Grieche, ja nur als ein Italiener geboren worden, und hätte schon von der Wiege an eine auserlesene Natur und eine idealisierende Kunst Sie umgeben, so wäre Ihr Weg unendlich verkürzt, vielleicht ganz überflüssig gemacht worden. Schon in die erste Anschauung der Dinge hätten Sie dann die Form des Notwendigen aufgenommen, und mit Ihren ersten Erfahrungen hätte sich der große Stil in Ihnen entwickelt. Nun, da Sie ein Deutscher geboren sind, da Ihr griechischer Geist in diese nordische Schöpfung geworfen wurde, so blieb Ihnen keine andere Wahl, als entweder selbst zum nordischen Künstler zu werden, oder Ihrer Imagination das, was ihr die Wirklichkeit vorenthielt, durch Nachhilfe der Denkkraft zu ersetzen und so gleichsam von innen heraus und auf einem rationalen Wege ein Griechenland zu gebären ... So ungefähr beurteile ich den Gang Ihres Geistes, und ob ich recht habe, werden Sie selbst am besten wissen.»

Die Antwort Goethes folgte nur vier Tage später. Unverhohlen zeigte sie sein Gefühl dankbarer Anerkennung: *Zu meinem Geburtstage, der mir diese Woche erscheint, hätte mir kein angenehmer Geschenk werden können als Ihr Brief, in welchem Sie, mit freundschaftlicher Hand, die Summe meiner Existenz ziehen und mich,*

durch Ihre Teilnahme, zu einem emsigern und lebhafteren Gebrauch
meiner Kräfte aufmuntern... Alles, was an und in mir ist, werde
ich mit Freuden mitteilen. Denn da ich sehr lebhaft fühle, daß mein
Unternehmen das Maß der menschlichen Kräfte und ihrer irdischen
Dauer weit übersteigt, so möchte ich manches bei Ihnen deponieren
und dadurch nicht allein erhalten, sondern auch beleben.

Wie groß der Vorteil Ihrer Teilnehmung für mich sein wird, werden Sie bald selbst sehen, wenn Sie, bei näherer Bekanntschaft, eine
Art Dunkelheit und Zaudern bei mir entdecken werden, über die ich
nicht Herr werden kann, wenn ich mich ihrer gleich sehr deutlich
bewußt bin. Doch dergleichen Phänomene finden sich mehr in unsrer Natur, von der wir uns denn doch gerne regieren lassen, wenn
sie nur nicht gar zu tyrannisch ist.

Aus der *ersten Bekanntschaft* entwickelte sich bald ein intensiver
mündlicher und schriftlicher Gedankenaustausch, der beiden Teilen
reinen Genuß und wahren Nutzen brachte. Goethe mäßigte Schillers
Hang zum Extremen und seine Tendenz zu *philosophischen Speku-
lationen*, Schiller dagegen zog Goethe von seinen naturwissenschaftlichen Studien wieder mehr zur dichterischen Produktion. Bereits
1794 schrieb dieser für Schillers «Horen» die *Unterhaltungen deutscher
Ausgewanderten* und gab einen Teil der *Römischen Elegien* zur Veröffentlichung. Als die «Horen» dann jedoch nur schwache Resonanz
fanden, verfaßten beide Dichter gemeinsam nahezu tausend Epigramme, die *Xenien*, in denen sie ihrem Unmut über das Publikum
und mißwollende Rezensenten freien Lauf ließen. Schiller selbst
nannte die 1796 im «Musen-Almanach» veröffentlichte Sammlung

Illustration zu «Hermann und Dorothea».
Tuschzeichnung von Franz Ludwig Catel, 1799

«wilde gottlose Satire, untermischt mit einzelnen poetischen, auch philosophischen Gedankenblitzen». Auf das «Xenienjahr» folgte das «Balladenjahr». Unter gegenseitiger Teilnahme schufen Goethe und Schiller ihre großen Balladen, darunter *Die Braut von Korinth, Der Zauberlehrling, Der Gott und die Bajadere,* «Der Taucher» und «Die Kraniche des Ibykus». Seit 1796 arbeitete Schiller an der Trilogie «Wallenstein». Goethe schloß *Wilhelm Meisters Lehrjahre* ab und nahm die Arbeit am *Faust* wieder auf. Unter dem Eindruck der Zeitereignisse schrieb er das Epos *Hermann und Dorothea,* das ihn zum erstenmal seit dem Erscheinen des *Werther* wieder zum volkstümlichen Autor machte. In einer umfangreichen Korrespondenz versuchten die beiden Dichter schließlich ihre klassizistischen Kunstanschauungen zu formulieren. Der Gedanke, den Goethe schon seit langem in seinen naturwissenschaftlichen Studien verfolgte: hinter allen wechselnden äußeren Erscheinungen das Gesetzliche zu erkennen, wurde nun auch für Poesie und Kunst bestimmend. Harmonie, Selbstvollendung, Hingabe an das «Wahre, Schöne, Gute», das Vorbild der Antike, erschienen als die Grundlagen einer würdevoll in sich selbst ruhenden Kultur. Nicht nur Schillers, auch Goethes Dichtungen und Abhandlungen der Zeit zeigen eine Tendenz zum Belehrenden, ja fast zum Lehrhaften. Der inneren Ausgeglichenheit entsprachen Geschliffenheit und Erhabenheit der Form. Denkt man allerdings an Goethes vorausgegangene *Römische Elegien* oder an den kaum ein Jahrzehnt später entstandenen *West-östlichen Divan,* sieht es manchmal so aus, als habe er den Gewinn an formaler Größe durch einen Verzicht auf menschliche Substanz bezahlen müssen.

Im Laufe der Jahre wurde die Zusammenarbeit der beiden Dichter so tiefgreifend, daß Goethe glauben konnte, *einen neuen Frühling, in welchem alles froh nebeneinander keimte und aus aufgeschlossenen Samen und Zweigen hervorging,* zu erleben. Um die Möglichkeiten des gegenseitigen Verkehrs noch zu erweitern, gab Schiller seine Professur in Jena auf und siedelte 1799 nach Weimar über. Besonders Goethes Tätigkeit für das Weimarer Theater erfuhr damals durch Schillers unmittelbare Teilnahme neue Impulse. Die Aufführungen der «Maria Stuart» (1800), der «Braut von Messina» (1803) und des «Wilhelm Tell» (1804), auch der Calderón- und Shakespeare-Übertragungen August Wilhelm von Schlegels gaben Gelegenheit, die gemeinsam entwickelten klassizistischen Stilisierungsprinzipien auf der Bühne zu erproben. Nicht zuletzt durch diese Bemühungen gewann die kleine Residenzstadt immer mehr Ansehen als Zentrum der deutschen Kultur. Wilhelm und Alexander von Humboldt, Fichte, Schelling, Jean Paul, August Wilhelm und Friedrich von Schlegel, Ludwig Tieck, Novalis, Henrik Steffens und Hegel kamen für kürzere oder längere Zeit nach Weimar oder traten von Jena aus mit Goethe und Schiller in persönliche Beziehungen. Kritische Auseinandersetzungen mit den Romantikern bahnten sich damals zuerst im Bereich der bildenden Kunst an, wobei vor allem die von Goethe, Schiller und Meyer gemeinsam ausgearbeiteten Programme der «Weimarer Kunstfreunde» auf den Widerstand der jüngeren Generation stießen. Bezeichnend ist, wie sich der vierundzwanzigjährige Runge 1802 gegen die einseitig auf Motive aus der Antike beschränk-

Goethe im Alter von 51 Jahren.
Kreidezeichnung von Friedrich Bury

ten «Weimarer jährlichen Preisaufgaben» wehrte: «Die Kunstausstellung in Weimar und das ganze Verfahren dort nimmt nachgerade einen ganz falschen Weg, auf welchem es unmöglich ist, irgend etwas Gutes zu bewirken... Wir sind keine Griechen mehr, können das Ganze schon nicht mehr so fühlen, wenn wir ihre vollendeten Kunstwerke sehen, viel weniger selbst solche hervorbringen; und warum uns bemühen, etwas Mittelmäßiges zu liefern?... Wir sehen in den Kunstwerken aller Zeiten es am deutlichsten, wie das Menschengeschlecht sich verändert hat, wie niemals dieselbe Zeit wiedergekommen ist, die einmal da war; wie können wir denn auf den unseligen Einfall kommen, die alte Kunst wieder zurückrufen zu wollen?»

Nachdem seit 1794 nur wenige Ereignisse in Goethes Leben nicht in einem mehr oder minder unmittelbaren Verhältnis zu Schiller gestanden und ihn lediglich zwei größere Reisen – 1797 in die Schweiz, 1801 nach Pyrmont und Göttingen – von Weimar entfernt hatten, brachte das Jahr 1805 ein jähes Ende der gegenseitigen Beziehungen. Sowohl Schiller als auch Goethe waren schon vom Januar an krank, der gewohnte Gedankenaustausch war unmöglich geworden. Schiller, der kaum noch an eine Genesung von seinen chronischen Beschwerden glaubte, nannte sich «erschüttert bis in die Wurzeln». Goethe schrieb über diese Zeit später in den *Tag- und Jahresheften*: *Indessen war ich durch zwei schreckhafte Vorfälle, durch zwei Brände, welche in wenigen Abenden und Nächten hintereinander entstanden, und wobei ich jedesmal persönlich bedroht war, in mein Übel, aus dem ich mich zu retten strebte, zurückgeworfen. Schiller fühlte sich von gleichen Banden umschlungen. Unsere persönlichen Zusammenkünfte waren unterbrochen; wir wechselten fliegende Blätter. Einige im Februar und März von ihm geschriebene zeugen noch von seinen Leiden, von Tätigkeit, Ergebung und immer mehr schwindender Hoffnung. Anfangs Mai wagt' ich mich aus, ich fand ihn im Begriff ins Schauspiel zu gehen, wovon ich ihn nicht abhalten wollte: ein Mißbehagen hinderte mich ihn zu begleiten, und so schieden wir vor seiner Haustüre um uns niemals wieder zu sehen. Bei dem Zustande meines Körpers und Geistes, die nun aufrecht zu bleiben aller eigenen Kraft bedurften, wagte niemand die Nachricht von seinem Scheiden in meine Einsamkeit zu bringen. Er war am neunten verschieden, und ich nun von allen meinen Übeln doppelt und dreifach angefallen.*

Die Zeit nach Schillers Tod erschien Goethe als ein *hohler Zustand*, währenddessen er seinen laufenden Geschäften *ohne weitern Anteil zur Seite ging* und sich *von ihnen leiten ließ, anstatt sie zu leiten*. In einen Brief an den Berliner Bauunternehmer und Komponisten Karl Friedrich Zelter, mit dem er schon seit einigen Jahren in Verbindung stand, sagte er: *Seit der Zeit, daß ich Ihnen nicht geschrieben habe, sind mir wenig gute Tage geworden. Ich dachte mich selbst zu verlieren, und verliere nun einen Freund und in demselben die Hälfte meines Daseins. Eigentlich sollte ich eine neue Lebensweise anfangen; aber dazu ist in meinen Jahren auch kein Weg mehr. Ich sehe also jetzt nur jeden Tag unmittelbar vor mich hin, und tue das Nächste, ohne an eine weitere Folge zu denken.* Von seiner früheren Erkrankung, vor allem schmerzhaften Nierenkoliken, die nach dem Tod Schillers noch zugenommen hatten, konnte Goethe sich erst nach einer Kur in Bad Lauchstädt bei Halle erholen. Als das dortige Sommertheater im August zu Schillers Gedenken eine Aufführung des «Lieds von der Glocke» vorbereitete, schrieb er einen *Epilog* zu dem Gedicht, mit den mehrfach wiederholten Worten *Denn er war unser!* Den Gedanken an eine große dramatische *Totenfeier Schillers* gab er jedoch, noch allzusehr unter dem Eindruck des Geschehenen, wieder auf. Auch der Versuch, das von Schiller als *kühnen Plan* zurückgelassene Fragment des «Demetrius» zu vollenden, schlug fehl. Erst 1826, als Schillers Gebeine aus dem «Landschaftskassengewölbe» des Jakobi-Friedhofs zeitweilig in die herzogliche Bibliothek überführt wurden, gelang ihm *Bei Betrachtung von Schillers Schädel* noch einmal ein Nachruf:

Im ernsten Beinhaus war's wo ich beschaute
Wie Schädel Schädeln angeordnet paßten;
Die alte Zeit gedacht' ich, die ergraute.

Sie stehn in Reih geklemmt, die sonst sich haßten,
Und derbe Knochen die sich tödlich schlugen
Sie liegen kreuzweis, zahm allhier zu rasten.

Entrenkte Schulterblätter! was sie trugen
Fragt niemand mehr, und zierlich tätge Glieder,
Die Hand, der Fuß zerstreut aus Lebensfugen.

Ihr Müden also lagt vergebens nieder,
Nicht Ruh im Grabe ließ man euch, vertrieben
Seid ihr herauf zum lichten Tage wieder,

Und niemand kann die dürre Schale lieben,
Welch herrlich edlen Kern sie auch bewahrte.
Doch mir Adepten war die Schrift geschrieben,

Die heilgen Sinn nicht jedem offenbarte,
Als ich in Mitten solcher starren Menge
Unschätzbar herrlich ein Gebild gewahrte,

Daß in des Raumes Moderkält und Enge
Ich frei und wärmefühlend mich erquickte,
Als ob ein Lebensquell dem Tod entspränge.

Wie mich geheimnisvoll die Form entzückte!
Die gottgedachte Spur, die sich erhalten!
Ein Blick der mich an jenes Meer entrückte

Das flutend strömt gesteigerte Gestalten.
Geheim Gefäß! Orakelsprüche spendend,
Wie bin ich wert dich in der Hand zu halten?

Dich höchsten Schatz aus Moder fromm entwendend,
Und in die freie Luft, zu freiem Sinnen,
Zum Sonnenlicht andächtig hin mich wendend.

Was kann der Mensch im Leben mehr gewinnen
Als daß sich Gott-Natur ihm offenbare?
Wie sie das Feste läßt zu Geist verrinnen,
Wie sie das Geisterzeugte fest bewahre.

Aus dem «Epilog zu Schillers Glocke»

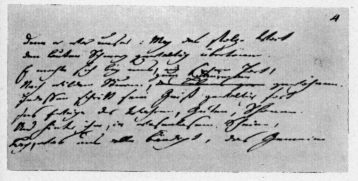

DIE NAPOLEONISCHEN JAHRE

Mit dem Tod Schillers sah Goethe eine Epoche seines Lebens zu Ende gehen. Dieses Bewußtsein wurde noch verstärkt durch die politischen Entwicklungen der Zeit. Nachdem er bereits während der Kampagne von 1792 den Zusammenbruch des Heiligen Römischen Reiches vorausgesehen hatte, erschien ihm die *Invasion der Franzosen in Deutschland* zwar als *gewaltsame Unterbrechung einer Art der Bildung, die sich in einer langen Friedensepoche entwickelt hatte,* aber kaum als eine nationale Katastrophe. Die Zukunft des deutschen Volkes lag nach seiner Meinung in den Künsten und Wissenschaften, nicht in der Politik. Noch als Eckermann ihn zwanzig Jahre später auf seine Haltung während der napoleonischen Herrschaft ansprach, äußerte er sich mit Zurückhaltung.

«Man hat Ihnen vorgeworfen, bemerkte ich etwas unvorsichtig, daß Sie in jener großen Zeit nicht auch die Waffen ergriffen oder wenigstens nicht als Dichter eingewirkt haben.

Lassen wir das, mein Guter! erwiderte Goethe. Es ist eine absurde Welt, die nicht weiß, was sie will, und die man muß reden und gewähren lassen. — Wie hätte ich die Waffen ergreifen können ohne Haß! und wie hätte ich hassen können ohne Jugend! Hätte jenes Ereignis mich als einen Zwanzigjährigen getroffen, so wäre ich sicher nicht der letzte geblieben; allein es fand mich als einen, der bereits über die ersten sechzig hinaus war ...

Kriegslieder schreiben und im Zimmer sitzen! — Das wäre meine Art gewesen! — Aus dem Biwak heraus, wo man nachts die Pferde der feindlichen Vorposten wiehern hört: da hätte ich es mir gefallen lassen! Aber das war nicht mein Leben und nicht meine Sache, sondern die von Theodor Körner. Ihn kleiden seine Kriegslieder auch ganz vollkommen. Bei mir aber, der ich keine kriegerische Natur bin und keine kriegerischen Sinn habe, würden Kriegslieder eine Maske gewesen sein, die mir sehr schlecht zu Gesicht gestanden hätte.

Ich habe in meiner Poesie nie affektiert. — Was ich nicht lebte und was mir nicht auf die Nägel brannte und zu schaffen machte, habe ich auch nicht gedichtet und ausgesprochen. Liebesgedichte habe ich nur gemacht, wenn ich liebte. Wie hätte ich nun Lieder des Hasses schreiben können ohne Haß! — Und, unter uns, ich haßte die Franzosen nicht, wiewohl ich Gott dankte, als wir sie los waren. Wie hätte auch ich, dem nur Kultur und Barbarei Dinge von Bedeutung sind, eine Nation hassen können, die zu den kultiviertesten der Erde gehört und der ich einen so großen Teil meiner eigenen Bildung verdankte!

Überhaupt, fuhr Goethe fort, *ist es mit dem Nationalhaß ein eige-*
nes Ding. – Auf den untersten Stufen der Kultur werden Sie ihn
immer am stärksten und heftigsten finden. Es gibt aber eine Stufe,
wo er ganz verschwindet und wo man gewissermaßen über den Na-
tionen steht und man ein Glück oder ein Wehe seines Nachbar-
volkes empfindet, als wäre es dem eigenen begegnet. Diese Kultur-
stufe war meiner Natur gemäß, und ich hatte mich darin lange befe-
stigt, ehe ich mein sechzigstes Jahr erreicht hatte.»

Selbst als Goethe 1806 persönlich in den Strudel der kriegerischen
Ereignisse geriet, bewahrte er noch Distanz. Fast wie ein Neutraler
beobachtete er die Vorgänge, die am 14. Oktober zu der Niederlage
des preußischen Heeres auf den Höhen zwischen Weimar und Jena
führten. Als ihn allerdings noch am gleichen Tage marodierende
Franzosen in seinem eigenen Haus bedrohten, wußte er sich kaum
zu helfen. Wohl nur durch das energische Eingreifen Christianes
kam er mit dem Leben davon. Bezeichnend ist die Zusammenfas-
sung dieser Geschehnisse in seinem trotz aller Unruhen regelmäßig
geführten Tagebuch: *Abends um fünf Uhr flogen die Kanonen-*
kugeln durch die Dächer. Um halb sechs Einzug der Chasseurs. Sieben
Uhr Brand, Plünderung, schreckliche Nacht. Erhaltung unseres Hauses
durch Standhaftigkeit und Glück. Zwei Tage später kam bei ihm *ein*
alter Vorsatz zur Reife: Ich will meine kleine Freundin, die so viel
an mir getan und auch diese Stunden der Prüfung mit mir durch-
lebte, völlig und bürgerlich anerkennen, als die Meine. Am 19. Oktober ließ er sich mit Christiane in der Sakristei der Schloßkirche
trauen.

Mehr noch als zuvor war Goethe seit der Schlacht bei Jena von der
Größe Napoleons überzeugt. War ihm der Korse bis dahin vornehmlich als Überwinder der Französischen Revolution erschienen, so sah
er in ihm jetzt den Ordner des politisch zerrissenen Kontinents. Als
eines der wichtigsten Ereignisse seines Lebens betrachtete er eine persönliche Begegnung mit ihm während des Erfurter Fürstenkongresses
im Oktober 1808. Die Anerkennung, die Napoleon ihm dabei zuteil
werden ließ, bewegte ihn so sehr, daß er fast immer nur in Andeutungen darüber sprach. Erst nach langem Zögern zeichnete er später einige
Einzelheiten der Unterredung auf:

Den zweiten (Oktober). Ich werde hereingerufen ... Der Kaiser
sitzt an einem großen runden Tische frühstückend; zu seiner Rechten
steht etwas entfernt vom Tische Talleyrand, zu seiner Linken ziem-
lich nah Daru, mit dem er sich über die Kontributionsangelegenhei-
ten unterhält.

Der Kaiser winkt mir heranzukommen.
Ich bleibe in schicklicher Entfernung vor ihm stehen.

Gesichtsmaske Goethes,
von Karl Gottlob Weisser aus dem Jahre 1807,
der einzige jemals abgenommene Gesichtsabdruck Goethes

Nachdem er mich aufmerksam angeblickt, sagte er: Vous êtes un homme.

Ich verbeuge mich.

Er fragt: Wie alt seid Ihr?

Sechzig Jahr.

Ihr habt euch gut erhalten –

Ihr habt Trauerspiele geschrieben.

Ich antwortete das Notwendigste.

Hier nahm Daru das Wort, der, um den Deutschen, denen er so wehe tun mußte, einigermaßen zu schmeicheln, von deutscher Literatur Notiz genommen; wie er denn überhaupt in der lateinischen wohlbewandert und selbst Herausgeber des Horaz war.

Er sprach von mir wie etwa meine Gönner in Berlin mochten gesprochen haben, wenigstens erkannt' ich daran ihre Denkweise und ihre Gesinnung.

Er fügte sodann hinzu, daß ich auch aus dem Französischen übersetzt habe, und zwar Voltaires Mahomet.

Der Kaiser versetzte: Es ist kein gutes Stück, und legte sehr umständlich auseinander wie unschicklich es sei, daß der Weltüberwinder von sich selbst eine so ungünstige Schilderung mache.

Er wandte sodann das Gespräch auf den Werther, den er durch und durch mochte studiert haben. Nach verschiedenen ganz richtigen Beobachtungen bezeichnete er eine gewisse Stelle und sagte: Warum habt Ihr das getan? es ist nicht naturgemäß, welches er weitläufig und vollkommen richtig auseinander setzte.

Ich hörte ihm mit heiterem Gesichte zu und antwortete mit einem vergnügten Lächeln: daß ich zwar nicht wisse ob mir jemand denselben Vorwurf gemacht habe; aber ich finde ihn ganz richtig und gestehe, daß an dieser Stelle etwas Unwahres nachzuweisen sei. Allein, setzte ich hinzu, es wäre dem Dichter vielleicht zu verzeihen, wenn er sich eines nicht leicht zu entdeckenden Kunstgriffs bediene um gewisse Wirkungen hervorzubringen, die er auf einem einfachen natürlichen Wege nicht hätte erreichen können.

Der Kaiser schien damit zufrieden, kehrte zum Drama zurück und machte sehr bedeutende Bemerkungen, wie einer der die tragische Bühne mit der größten Aufmerksamkeit gleich einem Kriminalrichter betrachtet und dabei das Abweichen des französischen Theaters von Natur und Wahrheit sehr tief empfunden hatte.

So kam er auch auf die Schicksalstücke, die er mißbilligte. Sie hätten einer dunklern Zeit angehört. Was, sagte er, will man jetzt mit dem Schicksal? die Politik ist das Schicksal.

Er wandte sich sodann wieder zu Daru und sprach mit ihm über die großen Kontributionsangelegenheiten; ich trat etwas zurück und kam gerade an den Erker zu stehen, in welchem ich vor mehr als dreißig Jahren zwischen mancher frohen auch manche trübe Stunde verlebt ...

Der Kaiser stand auf, ging auf mich los und schnitt mich durch eine Art Manöver von den übrigen Gliedern der Reihe ab, in der ich stand.

Indem er jenen den Rücken zukehrte und mit gemäßigter Stimme zu mir sprach, fragte er: ob ich verheiratet sei, Kinder habe? und was sonst Persönliches zu interessieren pflegt. Ebenso auch über meine Verhältnisse zu dem fürstlichen Hause, nach Herzogin Amalia, dem Fürsten, der Fürstin und sonst; ich antwortete ihm auf eine natürliche Weise. Er schien zufrieden und übersetzte sich's in seine Sprache, nur auf eine etwas entschiedenere Art als ich mich hatte ausdrücken können.

Dabei muß ich überhaupt bemerken, daß ich im ganzen Gespräch die Mannigfaltigkeit seiner Beifallsäußerungen zu bewundern hatte; denn selten hörte er unbeweglich zu, entweder er nickte nachdenklich mit dem Kopfe oder sagte oui oder gar c'est bien oder dergleichen; auch darf ich nicht vergessen zu bemerken, daß, wenn er ausgesprochen hatte, er gewöhnlich hinzufügte: Qu'en dit Monsieur Göt?

Und so nahm ich Gelegenheit bei dem Kammerherrn durch eine Gebärde anzufragen ob ich mich beurlauben könne? die er erwiderte, und ich dann ohne weiteres meinen Abschied nahm.

Bewußt versuchte Goethe durch Konzentration auf seine eigenen Arbeiten ein Gegengewicht zu der Unsicherheit der Zeit zu schaffen. Ohne die dauernde geistige Teilnahme, die ihm der Verkehr mit Schiller gebracht hatte, politisch isoliert durch seine Reserve gegenüber der antinapoleonisch eingestellten Öffentlichkeit, schließlich auch nicht ohne ein Empfinden der Kränkung durch die kühle Reaktion der Weimaraner auf seine Heirat mit Christiane, führte er wieder weitgehend ein auf sich selbst zurückgezogenes Leben. Neben einer vielseitigen Tätigkeit für die naturwissenschaftlichen Institute der Universität Jena setzte er seine eigenen mineralogischen und botanischen Studien fort. Er entwarf eine *Metamorphose der Tiere* und arbeitete intensiv an der *Farbenlehre*, die schließlich zu einem Werk von mehr als tausend Seiten Umfang anwuchs. Im Gegensatz zu dem englischen Physiker Isaac Newton, der die – von der modernen Forschung bestätigte – Ansicht vertreten hatte, daß im weißen Licht alle übrigen Farben vorhanden seien, glaubte er, sämtliche Farben seien durch Trübung, durch ein Zusammenwirken von Hell und Dunkel entstanden. Die reservierte Aufnahme, welche die *Farbenlehre* bei ihrem Erscheinen im Jahre 1810 erfuhr, bedeutete für ihn allerdings eine bittere Enttäuschung, neigte er doch dazu, seine optischen Studien und nicht seine poetischen Werke als das eigentlich in die Zukunft Weisende, was er geschaffen habe, anzusehen. Aus dem «didaktischen Teil» der *Farbenlehre* sei hier der folgende für Goethes Betrachtungsweise typische Abschnitt wiedergegeben:

Das Auge hat sein Dasein dem Licht zu danken. Aus gleichgültigen tierischen Hilfsorganen ruft sich das Licht ein Organ hervor, das seinesgleichen werde; und so bildet sich das Auge am Lichte fürs Licht, damit das innere Licht dem äußeren entgegentrete.

Hierbei erinnern wir uns der alten ionischen Schule, welche mit so großer Bedeutsamkeit immer wiederholte: nur von Gleichem werde Gleiches erkannt, wie auch der Worte eines alten Mystikers, die wir in deutschen Reimen folgendermaßen ausdrücken möchten:

Napoleon.
Stich von Dähling

> *Wär' nicht das Auge sonnenhaft,*
> *Wie könnten wir das Licht erblicken?*
> *Lebt' nicht in uns des Gottes eigne Kraft,*
> *Wie könnt' uns Göttliches entzücken?*

Jene unmittelbare Verwandtschaft des Lichtes und des Auges wird niemand leugnen, aber sich beide zugleich als eins und dasselbe zu denken, hat mehr Schwierigkeit. Indessen wird es faßlicher, wenn man behauptet, im Auge wohne ein ruhendes Licht, das bei der mindesten Veranlassung von innen oder von außen erregt werde. Wir können in der Finsternis durch Forderungen der Einbildungskraft uns die hellsten Bilder hervorrufen. Im Traume erscheinen uns die Gegenstände wie am vollen Tage. Im wachenden Zustande wird uns die leiseste äußere Lichteinwirkung bemerkbar, ja wenn das Organ einen mechanischen Anstoß erleidet, so springen Licht und Farben hervor.

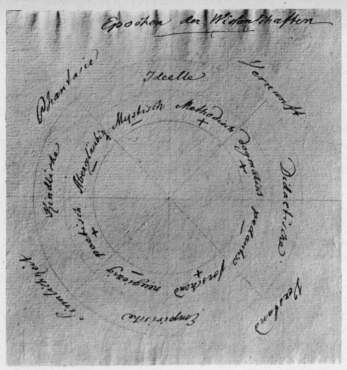

Epochen der Wissenschaften.
Federzeichnung Goethes, vor 1810

Vielleicht aber machen hier diejenigen, welche nach einer gewissen Ordnung zu verfahren pflegen, bemerklich, daß wir ja noch nicht einmal entschieden erklärt, was denn Farbe sei? Dieser Frage möchten wir gar gern hier abermals ausweichen und uns auf unsere Ausführung berufen, wo wir umständlich gezeigt, wie sie erscheine. Denn es bleibt uns auch hier nichts übrig, als zu wiederholen, die Farbe sei die gesetzmäßige Natur in bezug auf den Sinn des Auges. Auch hier müssen wir annehmen, daß jemand diesen Sinn habe, daß jemand die Einwirkung der Natur auf diesen Sinn kenne: denn mit dem Blinden läßt sich nicht von der Farbe reden.

Trotz des großen Wertes, den Goethe seinen wissenschaftlichen Arbeiten beimaß, konzentrierte er sich darauf nicht wieder mit solcher Ausschließlichkeit wie in den Jahren vor seiner Bekanntschaft mit Schiller. Bereits im Frühjahr 1806 gelang es ihm, den ersten Teil des *Faust*, an dem er seit dem Druck des *Fragments* immer wieder einzelnes geschrieben hatte, abzuschließen. Auch die Arbeit am *Wilhelm Meister* wurde neu aufgenommen. Nach einer Revision der *Lehrjahre* für die von dem Tübinger Verleger Cotta unternommene neue Ausgabe seiner Werke begann er 1807 mit der Niederschrift des legendenhaft gestimmten Eingangskapitels der *Wanderjahre*. Als *Festspiel*, das in einer Zeit weltpolitischer Krisen die Menschen symbolisch auf die höheren Güter der Schönheit, der Kunst und Wissenschaft hinweisen sollte, entstand die *Pandora*. Eine von Resignation überschattete Begegnung mit der achtzehnjährigen Pflegetochter des Jenaer Buchhändlers Frommann, Minchen Herzlieb, fand 1807 ihren Niederschlag in den *Sonetten*, vor allem aber in den *Wahlverwandtschaften*. Der strenge ethische Rigorismus des Romans, der in der Forderung nach Unauflöslichkeit der Ehe, aber auch in verzehrender Entsagung kulminierte, erweckte bereits bei seinem Erscheinen eine leidenschaftliche Diskussion.

Nach Abschluß des «historischen Teils» der *Farbenlehre* und Beendigung einer umfangreichen Biographie des Malers Philipp Hackert, dessen Nachlaß ihm testamentarisch zugefallen war, faßte Goethe schließlich den Plan, sein eigenes Leben zu beschreiben. *Die Ereignisse, die ich... in Hackerts Gegenwart oder doch in seiner Nähe erfahren hatte, wurden in der Einbildungskraft lebendig; ich hatte Ursache mich zu fragen, warum ich dasjenige was ich für einen andern tue nicht für mich selbst zu leisten unternehme? Ich wandte mich daher noch vor Vollendung jenes Bandes an meine eigene frühste Lebensgeschichte; hier fand sich nun freilich, daß ich zu lange gezaudert hatte. Bei meiner Mutter Lebzeiten hätt' ich das Werk unternehmen sollen, damals hätte ich selbst noch jenen Kinderszenen näher gestanden, und wäre durch die hohe Kraft ihrer Erinnerungsgabe völlig dahin versetzt worden. Nun aber mußte ich diese entschwundenen Geister in mir selbst hervorrufen und manche Erinnerungsmittel gleich einem notwendigen Zauberapparat mühsam und kunstreich zusammenschaffen. Ich hatte die Entwicklung eines bedeutend gewordenen Kindes, wie sie sich unter gegebenen Umständen hervorgetan, aber doch wie sie im allgemeinen dem Menschenkenner und dessen Einsicht gemäß wäre, darzustellen.*

In diesem Sinne nannt' ich bescheiden genug ein solches mit sorgfältiger Treue behandeltes Werk: Wahrheit und Dichtung, innigst überzeugt, daß der Mensch in der Gegenwart, ja vielmehr noch in der Erinnerung, die Außenwelt nach seinen Eigenheiten bildend modele.

Dieses Geschäft, insofern ich durch geschichtliche Studien und sonstige Lokal- und Personenvergegenwärtigung viel Zeit aufzuwenden hatte, beschäftigte mich wo ich ging und stand, zu Hause wie auswärts, dergestalt daß mein wirklicher Zustand den Charakter einer Nebensache annahm.

Nach solch intensiven Vorbereitungen begann Goethe Anfang 1811 mit der Niederschrift des Werks, dessen Titel er des Wohlklangs wegen dann allerdings in *Dichtung und Wahrheit* änderte. Bereits im Oktober 1812 konnte er die beiden ersten Teile abschließen, der dritte folgte ein Jahr später. Noch vor seiner Reise nach Süddeutschland im Sommer 1814 faßte er auch, angeregt von Liedern des persischen Dichters Hafis, der vor fast fünfhundert Jahren trotz politisch verworrener Zeiten Natur und Liebe besungen hatte, den Plan zu einem größeren Zyklus lyrischer Gedichte. Nach dem Vorbild des Hafis wollte er ihn unter dem Titel *Divan*, das heißt «Sammlung», herausgeben.

In die Jahre nach Schillers Tod fällt auch der Beginn von Goethes Gewohnheit, regelmäßig die böhmischen Bäder aufzusuchen. Manchmal zog er sich damals für fast zwei Monate nach Karlsbad, Franzensbad, Teplitz oder Marienbad zurück. Neben den Trinkkuren, denen er

Marienbad mit Kreuzbrunnen.
Lavierte Tuschzeichnung Goethes, nach 1820

einen heilsamen Einfluß auf seine Gesundheit zuschrieb, waren seine Aufenthalte durch Arbeit und Forschung, aber auch vielfältigen gesellschaftlichen Umgang bestimmt. Außer Zelter, Herzog Karl August und Wilhelm von Humboldt traten ihm in Böhmen besonders der Diplomat Karl Friedrich von Reinhard und der aus Eger stammende Magistratsrat Joseph Sebastian Grüner nahe. Naturwissenschaftliche Interessen verbanden ihn mit dem Mineralogen Abraham Gottlob Werner und dem schwedischen Chemiker Johann Jakob von Berzelius. Auch mit Elisa von der Recke, Kaiserin Maria Ludovica von Österreich und Louis Bonaparte kam er häufig zusammen.

Bestimmend für Goethes Geisteshaltung während der napoleonischen Jahre war nicht zuletzt seine zunehmende Reserve gegenüber den Romantikern. Für deren phantastische und übertreibende, ins *Bizarre, Fratzenhafte und Karikaturartige* führende Tendenzen vermochte er wenig Verständnis aufzubringen. So begrüßte er zwar eingedenk seiner eigenen

Ludwig van Beethoven. Zeichnung von Martin Tejcek, um 1820

Straßburger Bemühungen die Volksliedersammlung «Des Knaben Wunderhorn» mit einer zustimmenden Rezension, aber die Dichtungen der beiden Herausgeber Clemens Brentano und Achim von Arnim blieben ihm fremd. Als Kleist ihm 1808 «auf den Knien seines Herzens» das erste Heft des «Phöbus» mit dem Fragment der «Penthesilea» sandte, antwortete er eisig. Von den Brüdern Schlegel distanzierte er sich aus persönlicher Abneigung: *Unglückliche Menschen ihr Leben lang, wollten sie mehr vorstellen als ihnen von Natur gegönnt war.* Mit Philipp Otto Runge verbanden ihn zwar gleiche Ansichten über das Wesen der Farben, aber Bilder wie die «Tageszeiten» lehnt er ab: *Wer so auf der Kippe steht, muß sterben oder verrückt werden, da ist keine Gnade.* Fast allein Goethes Beziehungen zu Schelling, auf dessen Naturphilosophie er noch im zweiten Teil des *Faust* zurückgriff, blieben ungetrübt. Bettina Brentano, die ihm als Enkelin Sophie von La

Roches, Tochter der Maximiliane Brentano und Wahltochter seiner eigenen Mutter persönlich vertraut war und deren schwärmerische Verehrung er sich nicht ungern gefallen ließ, führte durch Ungehörigkeiten gegenüber Christiane selbst eine Trennung herbei. Schließlich zeigte auch Goethes Begegnung mit Beethoven im Sommer 1812, wie er sich vor Kräften, die sein mühsam erworbenes seelisches Gleichgewicht zu bedrohen schienen, hinter *einem harten Panzer* verschloß. Obgleich er nach Beethovens Ankündigung der «Musik zu Egmont» die Hoffnung geäußert hatte, sich einmal unmittelbar an *dessen außerordentlichen Talent ergötzen* zu können, obgleich Beethoven dann in Karlsbad und Teplitz wirklich *köstlich* vor ihm spielte, konnte er dessen achtungsvolle Zuneigung nicht erwidern: *Sein Talent hat mich in Erstaunen gesetzt: allein er ist leider eine ganz ungebändigte Persönlichkeit, die zwar gar nicht unrecht hat, wenn sie die Welt detestabel findet, aber sie freilich dadurch weder für sich noch für andere genußreicher gemacht.*

Neben der Entfremdung von der jüngeren Generation belastete Goethe der Tod von Menschen, die ihm persönlich nahegestanden hatten. Nach Schiller starb Herzogin Anna Amalia im Jahre 1807, 1808 seine Mutter, 1813 Wieland. Über eine Unterhaltung mit Goethe am Begräbnistage Wielands, die eine «von ihm in der Regel abgelehnte Richtung ins Übersinnliche» nahm, berichtet der Weimarer Pädagoge Johann Daniel Falk: *Sie wissen längst ... daß Ideen, die eines festen Fundaments in der Sinnenwelt entbehren, bei all ihrem übrigen Werte für mich keine Überzeugung mit sich führen, weil ich der Natur gegenüber wissen, nicht aber bloß vermuten und glauben will. Was nun die persönliche Fortdauer unserer Seele nach dem Tode betrifft, so ist es damit auf meinem Wege also beschaffen. Sie steht keineswegs mit den vieljährigen Beobachtungen, die ich über die Beschaffenheit unserer und aller Wesen in der Natur angestellt, im Widerspruch; im Gegenteil, sie geht sogar aus denselben mit neuer Beweiskraft hervor. Wieviel aber, oder wie wenig von dieser Persönlichkeit übrigens verdient, daß es fortdauere, ist eine andere Frage und ein Punkt, den wir Gott überlassen müssen. Vorläufig will ich nur dieses zuerst bemerken: ich nehme verschiedene Klassen und Rangordnungen der letzten Urbestandteile aller Wesen an, gleichsam der Anfangspunkte aller Erscheinungen in der Natur, die ich Seelen nennen möchte, weil von ihnen die Beseelung des Ganzen ausgeht, oder noch lieber Monaden – lassen Sie uns immer diesen Leibnizischen Ausdruck beibehalten! Die Einfachheit des einfachsten Wesens auszudrücken, möchte es kaum einen bessern geben. – Nun sind einige von diesen Monaden oder Anfangspunkten, wie uns die Erfahrung zeigt, so klein, so geringfügig, daß sie sich höchstens nur*

Christoph Martin Wieland.
Ölgemälde von Anton Graff, 1794

zu einem untergeordneten Dienst und Dasein eignen; andere dagegen sind gar stark und gewaltig. Die letzten pflegen daher alles, was sich ihnen naht, in ihren Kreis zu reißen und in ein ihnen Angehöriges, das heißt in einen Leib, in eine Pflanze, in ein Tier, oder noch höher herauf, in einen Stern zu verwandeln. Sie setzen dies so lange fort, bis die kleine oder große Welt, deren Intention geistig in ihnen liegt, auch nach außen leiblich zum Vorschein kommt. Nur die letzten möchte ich eigentlich Seelen nennen. Es folgt hieraus, daß es Weltmonaden, Weltseelen, wie Ameisenmonaden, Ameisenseelen gibt, und daß beide in ihrem Ursprunge, wo nicht völlig eins, doch im Urwesen verwandt sind. – Jede Sonne, jeder Planet trägt in sich eine höhere Intention, einen höheren Auftrag, vermöge dessen seine Entwicklungen ebenso regelmäßig und nach demselben Gesetz, wie die Entwicklung eines Rosenstockes durch Blatt, Stiel und Krone, zustande kommen müssen. Mögen Sie dies eine Idee oder eine Monade nennen, wie Sie wollen, ich habe auch nichts dawider; genug, daß diese Intention unsichtbar und früher als die sichtbare Entwicklung aus ihr in der Natur, vorhanden ist. Die Larven der Mittelzustände, welche diese Idee in den Übergängen vornimmt, dürfen uns dabei nicht irre machen. Es ist immer nur dieselbe Metamorphose oder Verwandlungsfähigkeit der Natur, die aus dem Blatte eine Blume, eine Rose, aus dem Ei eine Raupe und aus der Raupe einen Schmetterling heraufführt . . .

Alle Monaden aber sind von Natur so unverwüstlich, daß sie ihre Tätigkeit im Moment der Auflösung selbst nicht einstellen oder verlieren, sondern noch in demselben Augenblicke wieder fortsetzen. So scheiden sie nur aus den alten Verhältnissen, um auf der Stelle wieder neue einzugehen. Bei diesem Wechsel kommt alles darauf an, wie mächtig die Intention sei, die in dieser oder jener Monas enthalten ist. Die Monas einer gebildeten Menschenseele und die eines Bibers, eines Vogels, oder eines Fisches, das macht einen gewaltigen Unterschied. Und da stehen wir wieder an den Rangordnungen der Seelen, die wir gezwungen sind anzunehmen, sobald wir uns die Erscheinungen der Natur nur einigermaßen erklären wollen ... Jede Monade geht, wo sie hingehört, ins Wasser, in die Luft, in die Erde, ins Feuer, in die Sterne; ja, der geheime Zug, der sie dahin führt, enthält zugleich das Geheimnis ihrer zukünftigen Bestimmung. An eine Vernichtung ist gar nicht zu denken; aber von irgendeiner mächtigen und dabei gemeinen Monas unterwegs angehalten und ihr untergeordnet zu werden, diese Gefahr hat allerdings etwas Bedenkliches, und die Furcht davor wüßte ich auf dem Wege einer bloßen Naturbetrachtung meinesteils nicht ganz zu beseitigen.

DER WELTBÜRGER

War es Goethe in den Jahren nach Schillers Tod manchmal erschienen, als ob er selbst bereits *am Rande des Daseins* stände, so brachte ihm eine lang ersehnte Reise in die Rhein- und Maingegenden, die er im Sommer 1814 *nach Aufklärung des politischen Himmels* unternehmen konnte, noch einmal das Erlebnis einer *neuen Jugend.* Die Wiederbegegnung mit seiner Heimat, ein *heilsamer Badeaufenthalt* in Wiesbaden und die *Teilnahme geistreicher liebender Freunde* gediehen ihm *zur Belebung. und Steigerung eines glücklichen Zustandes,* wie er ihn seit seinem Abschied von Rom nur selten erfahren hatte.

Marianne von Willemer,
Kreidezeichnung aus dem Jahre 1819

Gestochener Titel zum «West-östlichen Divan».
Die arabische Inschrift lautet:
Der östliche Divan vom westlichen Verfasser

Durch Marianne von Willemer, der Frau des Frankfurter Bankiers
Johann Jakob von Willemer, die ihm eine schwärmerische, von ihm
bald erwiderte Neigung entgegenbrachte, wurde seine seit den *Römischen Elegien* fast verstummte Fähigkeit, in Gedichten *aus vollem
Herzen* sprechen zu können, neu geweckt und gesteigert. Der *West-
östliche Divan*, den er kurz vor Antritt der Reise begonnen hatte, erfuhr einen ungeahnten Auftrieb. Als er dann im folgenden Jahr
abermals nach Süddeutschland fuhr und mehrere Wochen auf der
Gerbermühle, einem Landsitz am Main oberhalb Frankfurts, Gast der
Willemers war, entstand die geheimnisvolle Zwiesprache des *Buches
Suleika*, in der Marianne ihm als die Geliebte seines persischen Vor-
bildes Hafis-Hatem erschien. Zu diesem wichtigsten Teil des *Divan*
fügte Goethe während der nächsten Jahre noch eine Vielzahl von
Versen und Sprüchen hinzu. Westliche und östliche Religion, Dichter-
beruf und Naturerkenntnis, Menschenweisheit und Menschentorheit,
Einsicht in das Vergängliche, aber auch Freude am Irdischen, waren
die Themen. Beispielhaft weist das *Selige Sehnsucht* betitelte Gedicht
auf das Gesetz der Metamorphose im menschlichen Dasein:

Sagt es niemand, nur den Weisen,
Weil die Menge gleich verhöhnet,
Das Lebendge will ich preisen
Das nach Flammentod sich sehnet.

In der Liebesnächte Kühlung,
Die dich zeugte, wo du zeugtest,
Überfällt dich fremde Fühlung
Wenn die stille Kerze leuchtet.

Nicht mehr bleibest du umfangen
In der Finsternis Beschattung,
Und dich reißet neu Verlangen
Auf zu höherer Begattung.

Keine Ferne macht dich schwierig,
Kommst geflogen und gebannt,
Und zuletzt, des Lichts begierig,
Bist du Schmetterling verbrannt.

Und so lang du das nicht hast,
Dieses: Stirb und werde!
Bist du nur ein trüber Gast
Auf der dunklen Erde.

Folgenreich wurden für Goethe auch mehrere Besuche bei den Brüdern Sulpiz und Melchior Boisserée in Heidelberg. Ihre seit der Jahrhundertwende aus säkularisierten Kirchen und Klöstern am Niederrhein zusammengetragene Sammlung altdeutscher Tafelbilder wirkte auf ihn wie eine Offenbarung. Ja, die Fülle des Gesehenen drohte ihn zu überwältigen. Ehrlich erschüttert gestand er angesichts des Dreikönigsaltars von Rogier van der Weyden: *Da hat man nun auf seine alten Tage sich mühsam von der Jugend, welche das Alter zu stürzen kommt, seines eigenen Bestehens wegen abgesperrt, und hat sich, um sich gleichmäßig zu erhalten, vor allen Eindrücken neuer und störender Art zu hüten gesucht, und nun tritt da mit einem Male vor mich hin eine ganz neue und bisher mir ganz unbekannte Welt von Farben und Gestalten, die mich aus dem alten Gleise meiner Anschauungen und Empfindungen herauszwingt — eine neue, ewige Jugend.* An der Glaubwürdigkeit dieser spontanen Äußerung, die ein Vertrauter der Boisserées überliefert, läßt sich kaum zweifeln. Und doch galt sie nur bedingt. Goethe, der sich eben damals in den Lebenskreis des Hafis versenkte, gleichzeitig an der Redaktion der

Italienischen Reise arbeitete und sich noch immer fortgesetzt mit naturwissenschaftlichen Studien beschäftigte, konnte auf die Dauer auch der altdeutschen Malerei nicht mehr als einen durch liebevolle Teilnahme bestimmten Platz in seiner Konzeption der *allgemeinen Kunstwelt* anweisen. Seine Reserve gegenüber allem Nicht-Klassischen war jedoch gebrochen und die Verbindung zu den Boisserées riß seit dieser Begegnung nicht mehr ab. Wichtige Anregungen brachte ihm auch eine im Juli 1815 auf Einladung des Freiherrn vom Stein unternommene Fahrt durch die erst vor kurzem preußisch gewordene Rheinprovinz. Auf Steins Bitte, seine Bemühungen um die *in Kriegsdruck und Dulden vernachlässigten* Kunstdenkmäler des Landes zu unterstützen, verfaßte er ein umfangreiches Memorandum, aus dem sich später die Zeitschrift *Über Kunst und Altertum* entwickelte.

Hatte Goethe seine Reisen in die Rhein- und Maingegenden ähnlich wie früher die Italienische Reise als eine Art von *Wiedergeburt* empfunden, so bereiteten ihm die folgenden Jahre erneut Schmerz und Enttäuschungen. Am 6. Juni 1816 starb Christiane. Selbst in seinem sonst so unpersönlich-sachlich geführten Tagebuch konnte Goethe seine Erschütterung nicht verbergen: *Nahes Ende meiner Frau. Letzter fürchterlicher Kampf ihrer Natur. Sie verschied gegen Mittag. Leere und Totenstille in und außer mir.* Als dann noch im gleichen Sommer bei Antritt einer dritten Fahrt nach Süddeutschland kurz hinter Weimar die Achse seines Reisewagens brach, glaubte Goethe den Unfall als einen Wink des Schicksals auffassen zu sollen und beschloß, keine größeren Reisen mehr zu unternehmen. Schließlich führten Intrigen der von Herzog Karl August begünstigten Schauspielerin Caroline Jagemann im April 1817 zu seinem Rücktritt von der Direktion des Hoftheaters. Wohl nicht zu Unrecht empfand er die Form der Verabschiedung nach seiner mehr als vierzigjährigen Verbindung mit dem Weimarer Theaterwesen als Brüskierung und blieb dem Herzog gegenüber für längere Zeit verstimmt.

Im großen und ganzen waren jedoch die letzten beiden

Sulpiz Boisserée.
Kreidezeichnung von J. Schmeller, 1827

116

*Umschlagentwurf Goethes
für das erste Heft
der Zeitschrift
«Über Kunst und Altertum»*

Jahrzehnte Goethes weniger durch markante äußere Ereignisse als durch tägliches regelmäßiges Arbeiten geprägt. Mehr und mehr wurden die anspruchslosen, fast karg eingerichteten *hinteren Zimmer* des Hauses am Frauenplan – neben dem eigentlichen Arbeitsraum gehörten dazu die Bibliothek und eine kleine Schlafkammer – Mittelpunkt seiner Welt. In den niedrigen, dem Hausgarten zugewandten Räumen konnte er, losgelöst von seiner äußeren Umgebung, schreiben, Versuche und Beobachtungen anstellen, lesen und diktieren. Fast unbegreiflich erscheint dabei das Ausmaß des von ihm Geleisteten. Neben seiner «Oberaufsicht über die unmittelbaren Anstalten für Wissenschaft und Kunst», die er bis zum Ende seines Lebens innehatte, stand eine Fülle eigener Arbeiten. Die dichterischen Produktionen, auf die er sich nach Abschluß des *West-östlichen Divans* vor allem konzentrierte, *Wilhelm Meisters Wanderjahre* und der zweite Teil des *Faust*, wuchsen nahezu ins Unendliche und wurden zum Gefäß seines in die Zukunft gerichteten Vermächtnisses. Daneben setzte er die mehr rückwärts blickende Beschreibung seines eigenen Lebens fort. 1816 vollendete er den ersten Teil der *Italienischen Reise*, 1822 die *Kampagne in Frankreich*, 1829 den *Zweiten römischen Aufenthalt*. Seine seit 1816 erscheinenden und fast ausschließlich durch eigene Beiträge bestrittenen Zeitschriften *Über Kunst und Altertum* und *Zur Naturwissenschaft überhaupt* boten ihm Gelegenheit zu einer vielfältigen Kommunikation mit den geistigen Strömungen der Gegenwart. Neben diesen poetischen und publizistischen Wirkungen in die Öffentlichkeit verband ihn eine von Jahr zu Jahr noch zunehmende Korrespondenz mit einer Unzahl von Zeitgenossen. Als Beispiel für den oft ins Allgemeine, manchmal fast ins Sibyllinische ausschweifenden Briefstil des alten Goethe sei hier der Anfang eines Schreibens an den preußischen Staatsrat Friedrich Ludwig Schultz vom September 1831 wiedergegeben:

Auf Ihr so wertes, treu-bedeutendes Schreiben alsobald einiges zu erwidern, fange ich, verehrter Freund, folgendermaßen an. Auf dem freien Platze meinem Hause gegenüber steht ein großes anständiges Wasserbecken, welches von einer stark fließenden Röhre hinreichend genährt wird. Dahin kommen, besonders morgens und abends, Frauen, Töchter, Mägde, Gesellen, Kinder, das notwendige Ingredienz ihres Daseins abzuholen.

Hier ist das Geschäft einfach und doch mannigfaltig: aus dem Becken wird geschöpft, in Butten gegossen, zum Reinigkeitsgebrauche auf dem Rücken fortgetragen. Zum Trinken werden Krüge unter die Röhre gestellt, zu Koch- und feinerem Bedürfnis Eimer untergeschoben. Dabei ist nun die Haltung der Handelnden und Abwartenden nie dieselbe; die Mannigfaltigkeit der Gebärden ist unendlich, die Stellung derjenigen sowohl, die im Besitz des Empfangens ist, als der andern, die auf den Augenblick paßt, bis die Reihe an sie kommen soll, zeigt keine Spur von Ungeduld, alles geht im Takt, und doch ist ein feiner Unterschied zwischen einer und der andern zu bemerken. Salat an Ort und Stelle zu waschen, ist jetzt streng polizeilich verboten. Schade! das gab recht artige häusliche Stellungen, und doch bleibt noch genug übrig, von der früh Ankommenden, Einsamen bis zum Gedränge der höhern Tagesstunden, bis zuletzt die ganze Anstalt wieder verlassen dasteht, und doch endlich noch ein Knabe auf den Rand des Beckens bis zu dem Pfeiler hinaufsteigt, um sich, über die Röhre gebückt, unmittelbar aus derselben zu erquicken.

Hier wäre nun Gelegenheit, wo der bildende Künstler beweisen könnte, was er zu sehen, zu fassen, zu wählen und nachzubilden im Stande sei. Eine notwendige unerläßliche Handlung der Menschheit in allen ihren Momenten zu studieren, wo jeder bedeutend ist, aber auch manchmal ganz pertinent, schön, graziös und vom besten Sinn und Stil sein kann. Und so hätten wir einen Fall für tausend, woraus evident ist, daß ohne unmittelbare Vereinigung von Objekt und Subjekt kein lebendiges Kunstwerk zu Stande kommen kann.

Einen Schlüssel zum Verständnis von Goethes Vielgeschäftigkeit gibt seine Konzeption des menschlichen Daseins als ein dauerndes Ringen um das Nutzen des Augenblicks. *Die Zeit ist unendlich lang und jeder Tag ein Gefäß, in das sich sehr viel eingießen läßt, wenn man es wirklich ausfüllen will,* heißt es in *Dichtung und Wahrheit.* Wie Goethe selbst durch Aufmerksamkeit auf jede Stunde Raum für seine zahlreichen Vorhaben zu gewinnen suchte, offenbaren seine mehr als fünfzig Jahre hindurch und seit 1806 mit absoluter Regelmäßigkeit geführten Tagebücher. Die Eintragungen halfen ihm, im Tage

Goethe im Alter von 77 Jahren.
Kreidezeichnung von Ludwig Sebbers

zu stehen und gleichzeitig Abstand zu gewinnen, erlaubten ihm, das einzelne Ereignis als Teil seines Lebenslaufes zu sehen und so bereits *im Gegenwärtigen Vergangnes* zu erkennen. Nichts kann sein Bekenntnis, sein Dasein sei im Grunde kaum etwas anderes als Mühe und Arbeit gewesen und erscheine ihm als *das ewige Wälzen eines Steines, der immer von neuem gehoben sein wollte*, besser veranschaulichen als die in seinen Tagebüchern gegebenen Rechenschaftsablegungen über den Gebrauch seiner Zeit.

Warum stehen sie davor?
Ist nicht Thüre da und Thor?
Kämen s...
Würden...

Goethes Wohnhaus am Frauenplan in Weimar.
Stich von Ludwig Schütze nach einer Zeichnung Otto Wagners,
mit Goethes faksimilierter Unterschrift

Trotz solcher Konzentration auf seine Arbeit isolierte sich der alte Goethe nicht mehr, wie er es in früheren Jahren oft getan hatte, von seiner Umgebung. Fast täglich sah er Gäste bei sich, oft zum Vorzeigen seiner graphischen Sammlungen, zu Konzerten oder zu naturwissenschaftlichen Demonstrationen. Je weniger er selbst Weimar verließ, desto mehr öffnete er sein Haus der Welt. Bezeichnend ist dabei, daß unter seinen zahlreichen Besuchern nicht Dichter und Schriftsteller, sondern vielmehr Naturforscher und Kunstgelehrte, Entdeckungsreisende, Erzieher und Politiker in der Überzahl waren. Über manche Zudringlichkeiten des Publikums, die er allerdings auch hinnehmen mußte, äußerte er sich um 1827 in einem Gespräch mit dem russischen

gest. v. Lud. Schütze.

...e troff herein
'empfangen seyn.
...the 1828

Diplomaten Graf Stroganoff: *Der Ruhm, mein Herr Graf, ist eine herrliche Seelenkost: sie stärkt und erhebt den Geist, erfrischt das Gemüt; das schwache Menschenherz mag sich daher gern daran erlaben. Aber man gelangt gar bald auf dem Wege der Berühmtheit zur Geringachtung derselben. Die öffentliche Meinung vergöttert Menschen und lästert Götter; sie preist oft die Fehler, worüber wir erröten, und verhöhnt die Tugenden, welche unser Stolz sind. Glauben Sie mir: der Ruhm ist so verletzend fast als die Verrufenheit. Seit dreißig Jahren kämpfe ich gegen den Überdruß, und Sie würden ihn begreifen, wenn Sie nur wenige Wochen mit ansehen könnten, wie mich täglich eine Anzahl von Fremden zu bewundern verlangt, wovon viele meine Schriften nicht gelesen haben — wie fast alle Franzosen und Engländer — und die meisten mich nicht verstehen. Sinn und Bedeutung meiner Schriften und meines Lebens ist der Triumph des Reinmenschlichen. Darum entschlage ich mich dessen nie und genieße, was mir das Glück an Ruhm geboten,* aber die süßere Frucht ist mir das Verstehen der gesunden Menschheit. Darum schätze ich sogar den Widerspruch derer höher, welche die rein menschliche Bedeutung der Kunst erfassen, als den kränklichen Enthusiasmus der überschwenglichen Dichter unseres Volkes, welche mich mit Phrasen ersticken; darum auch mag ich Ihnen gern die Wahrheit Ihrer Behauptung, daß Deutschland mich nicht verstanden, in bedingter Weise zugestehen. Es waltet in dem deutschen Volke ein Geist sensueller Exaltation, der mich fremdartig anweht: Kunst und Philosophie stehen abgerissen vom Leben in abstraktem Charakter, fern von den Naturquellen, welche sie ernähren sollen. Ich liebe das echt volkseigene Ideenleben der Deutschen und ergehe mich

gern in seinen Irrgängen, aber in steter Begleitung des Lebendig-
natürlichen. Ich achte das Leben höher als die Kunst, die es nur ver-
schönert.

Unabhängig von den wechselnden Besuchern bewegte sich um
Goethe noch ein kleiner Kreis von Altersfreunden und engeren Mit-
arbeitern. Neben Zelter, dem Kanzler von Müller und Heinrich Meyer
schenkte er besonders dem Philologen Friedrich Wilhelm Riemer, seinem Arzt Karl Vogel und dem aus Genf stammenden, als Prinzen-
erzieher nach Weimar berufenen Naturforscher Frédéric Soret sein
Vertrauen. Und schließlich kam 1823 Johann Peter Eckermann, damals dreißig Jahre alt, ein literaturbesessener Autodidakt und gren-
zenloser Verehrer der Schriften Goethes, nach Weimar. Der von der
Nachwelt gern leichtfertig geschmähte Mann wurde für den Dichter
ein fast unentbehrlicher Gehilfe, der nicht nur nach seinem Willen,
sondern auch nach seinen Gedanken zu leben vermochte. Die von ihm
aufgezeichneten «Gespräche mit Goethe in den letzten Jahren seines
Lebens» zählte ein so anspruchsvoller Leser wie Nietzsche zu dem
Bedeutendsten, was in deutscher Prosa geschrieben wurde. In einer
der letzten Unterhaltungen, die Goethe mit Eckermann führte, teilte
er ihm gleichsam sein politisches Testament mit:

Sowie ein Dichter politisch wirken will, muß er sich einer Partei
hingeben; und sowie er dieses tut, ist er als Poet verloren; er muß
seinem freien Geiste, seinem unbefangenen Überblick Lebewohl sa-
gen und dagegen die Kappe der Borniertheit und des blinden Hasses
über die Ohren ziehen.

Der Dichter wird als Mensch und Bürger sein Vaterland lieben,
aber das Vaterland seiner poetischen Kräfte und seines poetischen
Wirkens ist das Gute, Edle und Schöne, das an keine besondere Pro-
vinz und an kein besonderes Land gebunden ist und das er ergreift
und bildet, wo er es findet. Er ist darin dem Adler gleich, der mit
freiem Blick über Ländern schwebt, und dem gleichviel ist, ob der
Hase, auf den er hinabschießt, in Preußen oder in Sachsen läuft.

Und was heißt denn: sein Vaterland lieben, und was heißt denn:
patriotisch wirken? Wenn ein Dichter lebenslänglich bemüht war,
schädliche Vorurteile zu bekämpfen, engherzige Ansichten zu besei-
tigen, den Geist seines Volkes aufzuklären, dessen Geschmack zu rei-
nigen und dessen Gesinnungs- und Denkweise zu veredeln, was soll
er denn da Besseres tun? und wie soll er denn da patriotischer wir-
ken? – An einen Dichter so ungehörige und undankbare Anfor-
derungen zu machen, wäre ebenso, als wenn man von einem Regi-
mentschef verlangen wolle: er müsse, um ein rechter Patriot zu sein,
sich in politische Neuerungen verflechten und darüber seinen näch-
sten Beruf vernachlässigen. Das Vaterland eines Regimentschefs

aber ist sein Regiment, und er wird ein ganz vortrefflicher Patriot sein, wenn er sich um politische Dinge gar nicht bemüht, als so weit sie ihn angehen, und wenn er dagegen seinen ganzen Sinn und seine ganze Sorge auf die ihm untergebenen Bataillons richtet und sie so gut einzuexerzieren und in so guter Zucht und Ordnung zu erhalten sucht, daß sie, wenn das Vaterland einst in Gefahr kommt, als tüchtige Leute ihren Mann stehen.

Ich hasse alle Pfuscherei wie die Sünde, besonders aber die Pfuscherei in Staatsangelegenheiten, woraus für Tausende und Millionen nichts als Unheil hervorgeht.

Sie wissen, ich bekümmere mich im ganzen wenig um das, was über mich geschrieben wird, aber es kommt mir doch zu Ohren, und

Ottilie von Goethe.
Pastellgemälde

August von Goethe.
Kreidezeichnung von Joseph Schmeller, um 1823

ich weiß recht gut, daß, so sauer ich es mir auch mein Lebelang habe werden lassen, all mein Wirken in den Augen gewisser Leute für nichts geachtet wird, eben weil ich verschmäht habe, mich in politische Parteiungen zu mengen. Um diesen Leuten recht zu sein, hätte ich müssen Mitglied eines Jakobinerklubs werden und Mord und Blutvergießen predigen! – Doch kein Wort mehr über diesen schlechten Gegenstand, damit ich nicht unvernünftig werde, indem ich das Unvernünftige bekämpfe.

Den innersten Kreis der Menschen um Goethe bildete schließlich seine eigene Familie. Sein Sohn August, an dem er sehr hing, trat nach dem Studium der Rechtswissenschaften in den weimarischen Staatsdienst ein und wurde sein nächster Helfer bei der «Oberaufsicht» über die künstlerischen und wissenschaftlichen Anstalten des Herzogtums. Ein Jahr nach dem Tod Christianes vermählte August sich mit Ottilie von Pogwisch, der Tochter eines preußischen Majors und einer weimarischen Hofdame. Die von Goethe verwöhnte Schwiegertochter brachte viel geselliges Leben, durch einen Hang zur Regellosigkeit aber auch manche Unruhe in das Haus am Frauenplan. Ihre Ehe mit August gestaltete sich im Laufe der Zeit äußerst schwierig und belastete diesen kaum weniger als die Stellung im Schatten seines patriarchalisch bestimmenden Vaters. Drei Kinder Augusts und Ottilies: Walther, Wolfgang und Alma wurden 1818, 1820 und 1827 geboren. Goethe war für sie ein fürsorglicher Großvater, er ließ sie viel um sich spielen und kümmerte sich besonders um die Erziehung der beiden Knaben. Gelegentlich gab es dabei wohl *pädagogische Mißhelligkeiten*, aber im allgemeinen scheint er gegenüber den Enkeln von großer Geduld gewesen zu sein und oft seinen Zeitgeiz vergessen zu haben.

Einen tiefen Einschnitt in Goethes Alter bezeichnete seine letzte Badereise nach Böhmen im Jahre 1823. Seine immer wieder erneute Bereitschaft und Fähigkeit, sich einem anderen Menschen hinzugeben, brachte ihn noch einmal dazu, in einen *leidenschaftlichen Zustand* zu verfallen. Aus einer väterlichen Zuneigung zu der anmutigen Ulrike von Levetzow, der Enkelin seines Marienbader Quartierherren, entwickelte sich eine fast jünglinghafte Liebe, die so weit führte, daß er, damals vierundsiebzig Jahre alt, um die Hand der Neunzehnjährigen warb. Äußere Widerstände, nicht zuletzt aber eine zögernde Antwort Ulrikes selbst bewegten ihn jedoch zum Verzicht. Der erschütternde Niederschlag dieser, wie Goethe selbst spürte, letzten *seligen Liebe* seines Lebens wurde die *Marienbader Elegie*. Auf zarteste Weise stellt sie eine Verbindung zwischen seinem persönlichen *Wünschen, Hoffen und Verlangen* und seinem Glauben an ein Göttliches im Menschen her:

> *War Fähigkeit zu lieben, war Bedürfen*
> *Von Gegenliebe weggelöscht, verschwunden,*
> *Ist Hoffnungslust zu freudigen Entwürfen,*
> *Entschlüssen, rascher Tat sogleich gefunden!*
> *Wenn Liebe je den Liebenden begeistet,*
> *Ward es an mir aufs lieblichste geleistet;*
>
> *Und zwar durch sie! – Wie lag ein innres Bangen*
> *Auf Geist und Körper, unwillkommner Schwere:*
> *Von Schauerbildern rings der Blick umfangen*
> *Im wüsten Raum beklommner Herzensleere;*
> *Nun dämmert Hoffnung von bekannter Schwelle,*
> *Sie selbst erscheint in milder Sonnenhelle.*

Ulrike von Levetzow.
Pastellbildnis aus dem Jahre 1821

> Dem Frieden Gottes, welcher euch hienieden
> Mehr als Vernunft beseliget – wir lesens –
> Vergleich ich wohl der Liebe heitern Frieden
> In Gegenwart des allgeliebten Wesens;
> Da ruht das Herz, und nichts vermag zu stören
> Den tiefsten Sinn, den Sinn: ihr zu gehören.

In unsers Busens Reine wogt ein Streben,
Sich einem Höhern, Reinern, Unbekannten
Aus Dankbarkeit freiwillig hinzugeben,
Enträtselnd sich den ewig Ungenannten;
Wir heißens: fromm sein! – Solcher seligen Höhe
Fühl ich mich teilhaft, wenn ich vor ihr stehe.

Vor ihrem Blick, wie vor der Sonne Walten,
Vor ihrem Atem, wie vor Frühlingslüften,
Zerschmilzt, so längst sich eisig starr gehalten,
Der Selbstsinn tief in winterlichen Grüften;
Kein Eigennutz, kein Eigenwille dauert,
Vor ihrem Kommen sind sie weggeschauert.

Die *Marienbader Elegie* bedeutete für Goethe eine fast bewußt ausgesprochene Entsagung von allen persönlichen Leidenschaften. Mehr und mehr richtete er den Blick auf das *Dauernde und Verschwundene* seiner Existenz. Er begann sein Dasein als Phänomen seiner Epoche zu betrachten. *Darf ich mich in altem Zutrauen ausdrücken,* schrieb er 1831 an Wilhelm von Humboldt, *so gesteh ich gern, daß in meinen hohen Jahren mir alles mehr und mehr historisch wird: ob etwas in der vergangenen Zeit, in fernen Reichen oder mir ganz nah räumlich im Augenblicke vorgeht, ist ganz eins, ja ich erscheine mir selbst immer mehr und mehr geschichtlich.* Um ein im gleichen Maße wachsendes Gefühl der geistigen Abhängigkeit von seiner Umwelt zu erklären, nannte er sich ein *kollektives Wesen,* das fortwährend empfange und lerne. *Es ist wahr, ich habe in meinem langen Leben mancherlei getan und zustande gebracht, dessen ich mich allenfalls rühmen könnte. Was hatte ich aber, wenn wir ehrlich sein wollen, das eigentlich mein war, als die Fähigkeit und Neigung, zu sehen und zu hören, zu unterscheiden und zu wählen, und das Gesehene und Gehörte mit einigem Geist zu beleben und mit einiger Geschicklichkeit wieder zu geben. Ich verdanke meine Werke keineswegs meiner eigenen Weisheit allein, sondern Tausenden von Dingen und Personen außer mir, die mir dazu das Material boten.*

Je mehr für Goethe sein eigenes Dasein an individuellem Gehalt verlor, desto mehr reflektierte er über künftige Entwicklungen der ihm überschaubaren Welt. Längst bevor das Wort vom «feuilletonistischen Zeitalter» fiel, sprach er von den *schlechten Tagen kritisierender und zersplitternder Journale,* die zwar *eine Art Halbkultur* in die Massen bringen, aber für das hervorbringende Talent *ein fallendes Gift sind, das den Baum seiner Schöpfungskraft zerstört.* In *Wilhelm Meisters Wanderjahren* beschrieb er die Vision eines

Kanzler Friedrich von Müller.
Kreidezeichnung von
Joseph Schmeller

Karl Friedrich Zelter.
Ölgemälde von
Karl Begas, 1827

überhand nehmenden Maschinenwesens, das sich *wie ein Gewitter langsam, langsam* heranwälze, *das kommen und treffen* werde. Und gegenüber Zelter beklagte er die *Unrast* der jüngeren Generation: *Alles ist jetzt ultra, alles transzendiert unaufhaltsam, im Denken wie im Tun. Niemand kennt sich mehr, niemand begreift das Element, worin er schwebt und wirkt, niemand den Stoff, den er bearbeitet... Junge Leute werden viel zu früh aufgeregt und dann im Zeitstrudel fortgerissen; Reichtum und Schnelligkeit ist, was die Welt bewundert und wornach jeder strebt; Eisenbahnen, Schnellposten, Dampfschiffe und alle mögliche Fazilitäten der Kommunikation sind es, worauf die gebildete Welt ausgeht, sich zu überbieten, zu überbilden und dadurch in der Mittelmäßigkeit zu verharren.*

Der Ausdehnung des Blicks auf welthistorische Zusammenhänge entsprach die Entwicklung von Goethes literarischen Interessen. Nachdem ihm bereits seit seiner Jugend- und Studienzeit nicht nur die bedeutendsten Werke der deutschen, sondern auch der römischen, griechischen, englischen und französischen Literatur vertraut waren, bemühte er sich nun, in einem neuen systematischen Ansatz einen umfassenden Überblick über die abendländische Dichtung zu gewinnen. Nachdem er durch seine Divan-Studien bereits in die Welt des nahen Orients eingedrungen war, versuchte er seit 1820

auch wichtige Werke der indischen und chinesischen Literatur kennen
zu lernen. Beinahe mit Besessenheit las er die Werke jüngerer Auto-
ren des Auslands: Byron, Walter Scott, Carlyle, Mérimée, Victor
Hugo und Manzoni – um nur die wichtigsten Namen zu nennen.
Immer schärfer vertrat er in seiner Zeitschrift *Über Kunst und
Altertum* die These, daß die Dichtkunst *ein Gemeingut der Mensch-
heit* sei und überall und zu allen Zeiten *in Hunderten und aber
Hunderten von Menschen* hervortrete. Schließlich konzipierte er die
Idee eines zwischen den einzelnen Nationalliteraturen entstehenden
Prozesses ständiger Wechselwirkung und prägte dafür den Begriff
Weltliteratur. In diesem Sinne erklärte er in einem Programm vom
März 1830:

Wenn nun aber eine solche Weltliteratur, wie bei der sich immer vermehrenden Schnelligkeit des Verkehrs unausbleiblich ist, sich nächstens bildet, so dürfen wir nur nicht mehr und nichts anders von ihr erwarten, als was sie leisten kann und leistet.

Die weite Welt, so ausgedehnt sie auch sei, ist immer nur ein erweitertes Vaterland und wird, genau besehen, uns nicht mehr geben, als was der einheimische Boden auch verlieh; was der Menge zusagt, wird sich grenzenlos ausbreiten und, wie wir jetzt schon sehen, sich in allen Zonen und Gegenden empfehlen; dies wird aber dem Ernsten und eigentlich Tüchtigen weniger gelingen; diejenigen aber, die sich dem Höheren und dem höher Fruchtbaren gewidmet haben, werden sich geschwinder und näher kennenlernen. Durchaus gibt es überall in der Welt solche Männer, denen es um das Gegründete und von da aus um den wahren Fortschritt der Menschheit zu tun ist. Aber der Weg, den sie einschlagen, der Schritt, den sie halten, ist nicht eines jeden Sache; die eigentlichen Lebemenschen wollen geschwinder gefördert sein, und deshalb lehnen sie ab und verhindern die Fördernis dessen, was sie selbst fördern könnte. Die Ernsten müssen deshalb eine stille, fast gedrückte Kirche bilden, da es vergebens wäre, der breiten Tagesflut sich entgegenzusetzen; standhaft aber muß man seine Stellung zu behaupten suchen, bis die Strömung vorübergegangen ist.

Die Haupttröstung, ja die vorzüglichste Ermunterung solcher Männer müssen sie darin finden, daß das Wahre auch zugleich nützlich ist; wenn sie diese Verbindung nun selbst entdecken und den Einfluß lebendig vorzeigen und aufweisen können, so wird es ihnen nicht fehlen, kräftig einzuwirken, und zwar auf eine Reihe von Jahren.

Eine Ausweitung ins Allgemeine erfuhren auch Goethes religiöse Überzeugungen. Hatte er in seiner Jugend zwischen einem dichterisch verhüllten Pantheismus und einem *Christentum zu seinem Privatgebrauch* gestanden, hatte er sich seit den ersten Weimarer Jahren zu einem ethischen Humanismus bekannt, so glaubte er im Alter immer mehr, *bei den mannigfaltigen Richtungen seines Wesens, nicht an einer Denkweise genug haben* zu können. An Friedrich Heinrich Jacobi schrieb er 1813 in absichtlicher Zuspitzung: *Als Dichter und Künstler bin ich Polytheist, Pantheist hingegen als Naturforscher, und eins so entschieden als das andere. Bedarf ich eines Gottes für meine Persönlichkeit, als sittlicher Mensch, so ist dafür auch schon gesorgt. Die himmlischen und irdischen Dinge sind ein so weites Reich, daß die Organe aller Wesen zusammen es nur erfassen mögen.* Noch stärker als in seiner Jugend lehnte er in späteren Jahren alle in Orthodoxie erstarrten oder dogmatisch eingeengten religiösen Vorstellungen ab. Als seine einstige Brieffreundin Auguste zu Stolberg

Goethe in seinem Arbeitszimmer, seinem Schreiber John diktierend.
Ölgemälde von Joseph Schmeller, 1831

1823 einen rührenden Versuch machte, ihn im Sinne ihrer streng kirchlichen Gläubigkeit zu «retten», versteckte er sich hinter bewußt vage gehaltenen Äußerungen:

Von der frühsten, im Herzen wohlgekannten, mit Augen nie gesehenen, teuren Freundin endlich wieder einmal Schriftzüge des traulichsten Andenkens zu erhalten, war mir höchst erfreulich-rührend; und doch zaudere ich unentschlossen, was zu erwidern sein möchte.

Liegt dir Gestern klar und offen,
Wirkst du Heute kräftig frey,
Kannst auch auf ein Morgen hoffen
Das nicht minder glücklich sey.

Weimar 7. Nov.   Goethe
1825

Von Goethe zum Tage seines fünfzigjährigen Dienstjubiläums
lithographisch faksimiliertes Xenion,
das er auch sonst vielfach als Autograph wiederholte

Lassen Sie mich im Allgemeinen bleiben, da von besondern Zuständen uns wechselseitig nichts bekannt ist.

Lange leben heißt gar vieles überleben, geliebte, gehaßte, gleichgültige Menschen, Königreiche, Hauptstädte, ja Wälder und Bäume, die wir jugendlich gesäet und gepflanzt. Wir überleben uns selbst und erkennen durchaus noch dankbar, wenn uns auch nur einige Gaben des Leibes und des Geistes übrig bleiben. Alles dieses Vorübergehende lassen wir uns gefallen; bleibt uns nur das Ewige jeden Augenblick gegenwärtig, so leiden wir nicht an der vergänglichen Zeit.

Redlich habe ich es mein Lebelang mit mir und andern gemeint und bei allem irdischen Treiben immer aufs Höchste hingeblickt; Sie und die Ihrigen haben es auch getan. Wirken wir also immerfort, so lang es Tag für uns ist, für andere wird auch eine Sonne scheinen, sie werden sich an ihr hervortun und uns indessen ein helleres Licht erleuchten.

Und so bleiben wir wegen der Zukunft unbekümmert! In unseres Vaters Reiche sind viel Provinzen, und da er uns hier zu Lande ein so fröhliches Ansiedeln bereitete, so wird drüben gewiß auch für beide gesorgt sein; vielleicht gelingt alsdann, was uns bis jetzo abging, uns angesichtlich kennen zu lernen und uns desto gründlicher zu lieben. Gedenken Sie mein in beruhigter Treue.

Unter Einschränkungen gegenüber den kirchlichen Institutionen, aber voller Respekt vor der *Hoheit und sittlichen Kultur des Christentums, wie es in den Evangelien schimmert und leuchtet,* drückte Goethe dagegen seine Hoffnung aus, daß es der Menschheit gelingen werde, *nach und nach aus einem Christentum des Wortes und Glaubens immer mehr zu einem Christentum der Gesinnung und Tat zu kommen.* Im Sinne einer solchen Tatgläubigkeit tendierte er zu einem religiösen Universalismus, den er besonders im zweiten Teil des *Faust, Wilhelm Meisters Wanderjahren* und auch seiner späten Lyrik ausdrückte. Neben den Gedichten *Proömion, Eins und Alles* und den *Urworten, Orphisch* ist das 1829 entstandene *Vermächtnis* von höchster Bedeutung:

> *Kein Wesen kann zu nichts zerfallen!*
> *Das Ewge regt sich fort in allen,*
> *Am Sein erhalte dich beglückt!*
> *Das Sein ist ewig: denn Gesetze*
> *Bewahren die lebendgen Schätze,*
> *Aus welchen sich das All geschmückt.*
>
> *Das Wahre war schon längst gefunden,*
> *Hat edle Geisterschaft verbunden;*
> *Das alte Wahre, faß es an!*
> *Verdank es, Erdensohn, dem Weisen,*
> *Der ihr, die Sonne zu umkreisen,*
> *Und dem Geschwister wies die Bahn.*
>
> *Sofort nun wende dich nach innen:*
> *Das Zentrum findest du da drinnen,*
> *Woran kein Edler zweifeln mag.*
> *Wirst keine Regel da vermissen:*
> *Denn das selbständige Gewissen*
> *Ist Sonne deinem Sittentag.*
>
> *Den Sinnen hast du dann zu trauen,*
> *Kein Falsches lassen sie dich schauen,*
> *Wenn dein Verstand dich wach erhält.*
> *Mit frischem Blick bemerke freudig*
> *Und wandle, sicher wie geschmeidig,*
> *Durch Auen reichbegabter Welt.*
>
> *Genieße mäßig Füll und Segen;*
> *Vernunft sei überall zugegen,*
> *Wo Leben sich des Lebens freut.*

Dann ist Vergangenheit beständig,
Das Künftige voraus lebendig,
Der Augenblick ist Ewigkeit.

Und war es endlich dir gelungen,
Und bist du vom Gefühl durchdrungen:
Was fruchtbar ist, allein ist wahr –
Du prüfst das allgemeine Walten,
Es wird nach seiner Weise schalten,
Geselle dich zur kleinsten Schar.

Und wie von alters her, im stillen,
Ein Liebewerk nach eignem Willen
Der Philosoph, der Dichter schuf,
So wirst du schönste Gunst erzielen:
Denn edlen Seelen vorzufühlen
Ist wünschenswertester Beruf.

Nur selten und auch dann meistens nur andeutend, sprach Goethe in der Form eines direkten Bekenntnisses. Um so gewichtiger ist deshalb eine ganz und gar persönlich gemeinte Äußerung gegenüber Sulpiz Boisserée, die er am 22. März 1831, auf den Tag ein Jahr vor seinem Tode, einem längeren Brief als Postskriptum beifügte:

Die letzte Seite bin ich nun veranlaßt, in Ernst und Scherz mit etwas Wunderlichem zu schließen. Des religiosen Gefühles wird sich kein Mensch erwehren, dabei aber ist es ihm unmöglich, solches in sich allein zu verarbeiten, deswegen sucht er oder macht sich Proselyten.

Das letztere ist meine Art nicht, das erstere aber hab ich treulich durchgeführt und, von Erschaffung der Welt an, keine Konfession gefunden, zu der ich mich völlig hätte bekennen mögen. Nun erfahr ich aber in meinen alten Tagen von einer Sekte der Hypsistarier, welche, zwischen Heiden, Juden und Christen geklemmt, sich erklärten, das Beste, Vollkommenste, was zu ihrer Kenntnis käme, zu schätzen, zu bewundern, zu verehren und, insofern es also mit der Gottheit im nahen Verhältnis stehen müsse, anzubeten. Da ward mir auf einmal aus einem dunklen Zeitalter her ein frohes Licht, denn ich fühlte, daß ich zeitlebens getrachtet hatte, mich zum Hypsistarier zu qualifizieren; das ist aber keine kleine Bemühung: denn wie kommt man in der Beschränkung seiner Individualität wohl dahin, das Vortrefflichste gewahr zu werden?

Weder sein unentwegtes Tätigsein noch sein weitläufiger Brief-

Goethe im Alter von 81 Jahren. Lithographie von Daniel Maclise nach einer Zeichnung William Thackerays, der Goethe im Oktober 1830 besuchte. Die Körperhaltung Goethes auf diesem Bild wurde von Zeitgenossen als besonders charakteristisch empfunden

wechsel oder sein reger gesellschaftlicher Umgang konnten Goethe darüber hinwegtäuschen, daß Alter und Gesinnungen ihn mehr und mehr von den Nachkommenden trennten. Einsam, *wie Merlin vom leuchtenden Grabe her,* glaubte er manchmal *sein eigenes Echo* vernehmen zu lassen. An Zelter schrieb er im März 1827: *Mir erscheint der zunächst mich berührende Personenkreis wie ein Konvolut sibyllinischer Blätter, deren eins nach dem andern, von Lebensflammen aufgezehrt, in der Luft zerstiebt und dabei den überbleibenden von Augenblick zu Augenblick höhern Wert verleiht.* Schwerste *Prüfungen* wurden für ihn 1828 der Tod des Großherzogs Karl August und zwei Jahre später das *Außenbleiben* seines Sohnes, der in Rom an einem Fieberanfall starb. Nach Erhalt der Nachricht *durch schonende Freunde* hüllte Goethe sich in völliges Schweigen. *Mit Gewalt* vertiefte er sich in seine noch nicht abgeschlossenen poetischen Arbeiten – besonders die letzten Kapitel von *Dichtung und Wahrheit* und den zweiten Teil des *Faust* – und versuchte, sich durch sie *ganz absorbieren* zu lassen. *Allein der große Begriff der Pflicht,* so erschien es ihm damals, könne ihn aufrecht erhalten. *Ich habe keine Sorge, als mich physisch im Gleichgewicht zu bewegen; alles andere gibt sich von selbst. Der Körper muß, der Geist will, und wer seinem Wollen die notwendigste Bahn vorgeschrieben sieht, der braucht sich nicht viel zu besinnen.*

Um der *sehr gesteigerten Feier* seines zweiundachtzigsten Geburtstages auszuweichen, verließ Goethe Weimar im August 1831 zum letztenmal und begab sich für einige Tage nach Ilmenau. Am 27. August unternahm er von dort einen Ausflug nach Gabelbach und zu der Jagdhütte auf dem Kickelhahn im Thüringer Wald. Der Ilmenauer Berginspektor Johann Christian Mahr, der ihn als einziger begleitete, berichtete darüber mit einfachen Worten: «Ganz bequem waren wir bis auf den höchsten Punkt des Kickelhahns gelangt, als er ausstieg, sich erst an der kostbaren Aussicht auf dem Rondell ergötzte, dann über die herrliche Waldung freute und dabei ausrief: *Ach, hätte doch dieses Schöne mein guter Großherzog Karl August noch einmal sehen können!* – Hierauf fragte er: *Das kleine Waldhaus muß hier in der Nähe sein. Ich kann zu Fuß dahin gehen, und die Chaise soll hier so lange warten, bis wir zurückkommen.* Wirklich schritt er rüstig durch die auf der Kuppe des Berges ziemlich hochstehenden Heidelbeersträucher hindurch bis zu dem wohlbekannten, zweistöckigen Jagdhause, welches aus Zimmerholz und Bretterbeschlag besteht. Eine steile Treppe führt in den oberen Teil desselben; ich erbot mich, ihn zu führen, er aber lehnte es mit jugendlicher Munterkeit ab, ob er gleich tags darauf seinen zweiundachtzigsten Geburtstag feierte, mit den Worten: *Glauben Sie ja nicht, daß ich die Treppe nicht steigen könnte; das geht mit mir noch recht sehr gut.* Beim Eintritt in das obere Zimmer sagte er: *Ich habe in früherer Zeit in dieser Stube mit meinem Bedienten im Sommer acht Tage gewohnt und damals einen kleinen Vers hier an die Wand geschrieben. Wohl möchte ich diesen Vers nochmals sehen, und wenn der Tag darunter bemerkt ist, an welchem es geschehen, so haben Sie die Güte, mir solchen aufzuzeichnen.* Sogleich führte ich ihn an das südliche Fenster der Stube, an welchem links mit Bleistift geschrieben steht:

> *Über allen Gipfeln*
> *Ist Ruh,*
> *In allen Wipfeln*
> *Spürest du*
> *Kaum einen Hauch;*
> *Die Vögelein schweigen im Walde.*
> *Warte nur, balde*
> *Ruhest du auch.*

D. 7. September 1780   *Goethe*

Goethe überlas diese wenigen Verse, und Tränen flossen über seine Wangen. Ganz langsam zog er sein schneeweißes Taschentuch aus seinem dunkelbraunen Tuchrock, trocknete sich die Tränen und sprach in sanftem, wehmütigem Ton: *Ja, warte nur, balde ruhest du auch!* schwieg eine halbe Minute, sah nochmals durch das Fenster in den düstern Fichtenwald und wendete sich darauf zu mir mit den Worten: *Nun wollen wir wieder gehen!»*

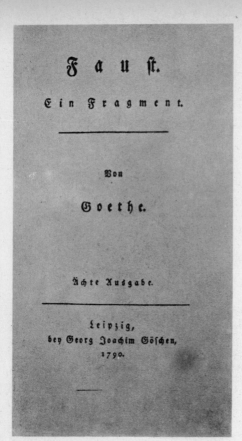

Faust. Ein Fragment.
Titelblatt und Schlußseite der ersten Ausgabe

FAUST

Die wohl bedeutendste Dichtung in deutscher Sprache, Goethes Tragödie *Faust*, geht auf eine lange Entwicklung zurück. Nicht allein daß
Goethe selbst fast sein ganzes Leben daran schrieb, auch vor ihm haben schon viele Federn, über drei Jahrhunderte hinweg, an dem Stoff
gearbeitet. Letzten Endes führen alle Faust-Geschichten auf einen
Mann des 16. Jahrhunderts zurück, über den bereits Zeitgenossen
mit einer Mischung von Schrecken und Bewunderung sprachen. Nach
vielen Forschungen erscheint es heute wahrscheinlich, daß Jörg oder

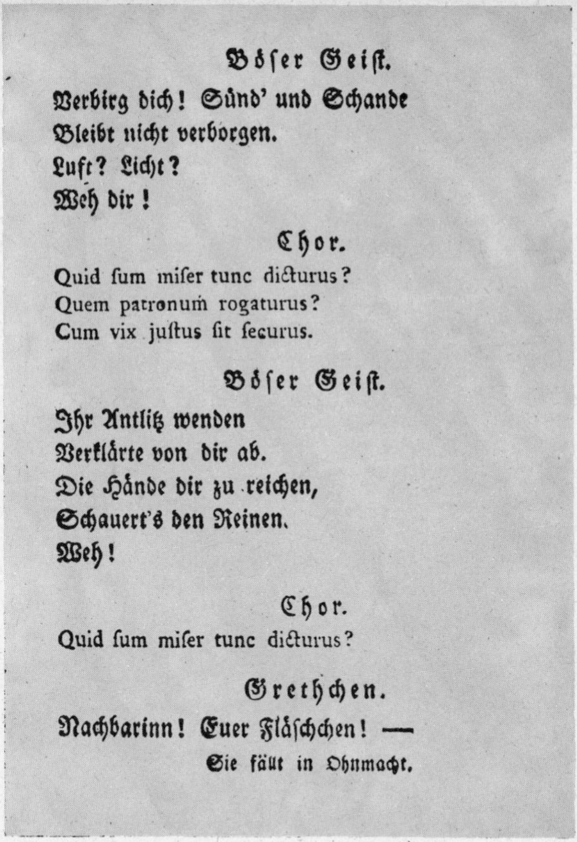

Böser Geist.

Verbirg dich! Sünd' und Schande
Bleibt nicht verborgen.
Luft? Licht?
Weh dir!

Chor.

Quid sum miser tunc dicturus?
Quem patronum rogaturus?
Cum vix justus sit securus.

Böser Geist.

Ihr Antlitz wenden
Verklärte von dir ab.
Die Hände dir zu reichen,
Schauert's den Reinen.
Weh!

Chor.
Quid sum miser tunc dicturus?

Gretchen.

Nachbarinn! Euer Fläschchen! —

Sie fällt in Ohnmacht.

Johannes Faust um 1480 in dem württembergischen Städtchen Knittlingen geboren wurde. Kaum dreißig Jahre alt, muß er bereits weithin als Astrologe, aber auch als Prahler und Quacksalber bekannt gewesen sein. Aus dem Gerede über ihn bildete sich bald eine verbreitete Sage. Daß es zu solcher Entwicklung kommen konnte, lag allerdings nur zum Teil an dem Wunderglauben des ungebildeten Volkes. Nicht zuletzt ist die Faust-Sage ein Zeugnis des im Zeitalter der Reformation und der Renaissance erwachenden individualistischen Denkens. Berichte, der Doktor Faust habe sich für die damals aufkommenden, weitgehend von der Theologie gelösten Wissenschaften, besonders die Alchimie, interessiert und dabei unvorstellbare Resultate erzielt, fanden nur allzu offene Ohren. Schon um 1570 ging unter den Studenten Wittenbergs ein lateinisches Manuskript, in dem von solchen Dingen die Rede war, von Hand zu Hand. Nicht viel später, 1587, erschien der erste Druck der «Historia von D. Johann Fausten, dem weitbeschreyten Zauberer und Schwartzkünstler». Unter dem nicht immer ganz überzeugenden Vorwand, das Buch solle die Gefahren verwegenen Frevelmutes zeigen, wurden von dem unbekannten Verfasser die schon umlaufenden Geschichten über Faust gesammelt und zahlreiche neue hinzugefügt. Entscheidend war, daß dabei nun auch Mephistopheles, mit dem Faust einen geheimnisvollen Pakt abschließen konnte, in Erscheinung trat. Noch im 16. Jahrhundert fand die immer weiter wuchernde Sage ihren Weg nach England, wo Christopher Marlowe aus den bisher nur lose aneinandergereihten Szenen eine Tragödie von bezwingender Gewalt schuf. Eigentlich erst hier wurde aus dem Satansbündler ein Empörer gegen die Macht Gottes, der nach überirdischer Erkenntnis und höchster weltlicher Macht strebte. Weit stärker noch als die Volksbücher erregte diese Version, die durch wandernde Schauspieltruppen auch bald auf dem europäischen Kontinent bekannt wurde, die Gemüter. Durch die Entlehnung von Bühneneffekten aus der großen Oper und durch Aufnahme des Harlekins, der als Fausts lustiger Diener bald seinen Herrn überspielte, nahm die theatralische Behandlung im Zeitalter des Barock zwar noch an Popularität zu, verlor jedoch schon viel an innerer Kraft. Mit dem Aufkommen der Aufklärung sank dann das einst so eindrucksvolle Spiel in die Sphäre des Puppentheaters ab. Lessing dachte zwar einmal daran, aus dem Stoff eine Tragödie zu gestalten, vollendete aber nur wenige Szenen. Der dämonische Magister ließ sich nicht in einen Helden der Vernunft umformen. Erst die Dichter des Sturm und Drangs, die ihre Vorbilder gerne in Empörern gegen bestehende Ordnungen suchten, griffen das Thema wieder auf: Klinger, Maler Müller und schließlich auch Goethe.

Nach seiner eigenen Erinnerung beschäftigte Goethe sich mit dem Gedanken an ein Faust-Drama bereits in seiner Straßburger Studienzeit. Bleibt auch ungewiß, wie er das Stück damals konzipierte und wann er mit der Niederschrift begann, so wissen wir doch mit Sicherheit, daß einzelne Szenen, so die Beschwörung des Erdgeists, das Gespräch Mephistos mit dem Schüler, Auerbachs Keller, große Teile der Gretchentragödie, zwischen 1773 und 1775 in Frankfurt entstanden. Unverkennbar tragen sie den Stempel der dichterischen Fülle jener Zeit. Mehrfach rezitierte Goethe in seinen ersten Weimarer Jahren aus dieser *halbfertigen* Fassung, die durch eine Abschrift der Hofdame Luise von Göchhausen als der sogenannte *Urfaust* bewahrt wurde, fühlte sich jedoch nicht in der Lage, die Arbeit daran fortzusetzen. In Italien gelang es ihm zwar, wieder einige Szenen, darunter die *Hexenküche* und den Monolog Fausts in *Wald und Höhle* zu schreiben, aber mehr und mehr gewann er den Eindruck, daß er das Stück nie zu Ende bringen werde. 1789 beschloß er deshalb, die vorhandenen Teile in der ersten Ausgabe seiner *Schriften* als «Fragment» drucken zu lassen.

Schiller war es, der Goethe doch noch zur Fortsetzung der alten Pläne bewegen konnte. Bereits wenige Monate nach dem denkwürdigen Gespräch mit Goethe in Jena bat er um Mitteilung der noch unveröffentlichten Partien des *Faust*: «Ich gestehe Ihnen, daß mir das, was ich von diesem Stücke gelesen, der Torso des Herkules ist. Es herrscht in diesen Szenen eine Kraft und eine Fülle des Genies, die den besten Meister unverkennbar zeigt, und ich möchte diese große und kühne Natur, die darin atmet, so weit als möglich verfolgen.» Aber noch fühlte Goethe keinen Mut, *das Paket aufzuschnüren, das ihn gefangen hält*. Erst im Juni 1797 reagierte er schließlich auf das Drängen Schillers und nahm das Manuskript wieder zur Hand:

Da es höchst nötig ist, daß ich mir in meinem jetzigen unruhigen Zustande etwas zu tun gebe, so habe ich mich entschlossen, an meinen Faust zu gehen und ihn, wo nicht zu vollenden, doch wenigstens um ein gutes Teil weiter zu bringen, indem ich das, was gedruckt ist, wieder auflöse und mit dem, was schon fertig oder erfunden ist, in große Massen disponiere und so die Ausführung des Plans, der eigentlich nur eine Idee ist, näher vorbereite. Nun habe ich eben diese Idee und deren Darstellung wieder vorgenommen und bin mit mir selbst ziemlich einig. Nun wünschte ich aber, daß Sie die Güte hätten, die Sache einmal, in schlafloser Nacht, durchzudenken, mir die Forderungen, die Sie an das Ganze machen würden, vorzulegen, und so mir meine eignen Träume, als ein wahrer Prophet, zu erzählen und zu deuten.

Da die verschiednen Teile dieses Gedichts, in Absicht auf die Stimmung, verschieden behandelt werden können, wenn sie sich nur dem Geist und Ton des Ganzen subordinieren, da übrigens die ganze Arbeit subjektiv ist, so kann ich in einzelnen Momenten daran arbeiten, und so bin ich auch jetzt etwas zu leisten imstande.

Kurz nach diesem Brief schrieb Goethe die *Zueignung* sowie das *Vorspiel auf dem Theater* und ließ auch in den kommenden Jahren seiner Verbindung mit Schiller das Stück nie mehr ganz aus den Augen. Im Frühjahr 1806 gelang es ihm schließlich, die letzten Lücken des gesamten ersten Teils auszufüllen.

Obgleich Titel und Inhalt der Tragödie, die 1808 bei Cotta gedruckt wurde, bereits auf einen zweiten Teil hinwiesen, hat Goethe

Überblick Goethes über die Faustdichtung,
niedergeschrieben um 1800

zwanzig Jahre lang nichts mehr daran geschrieben. Daß er das Werk dann doch noch fortsetzte, ist nicht zuletzt das Verdienst Eckermanns. Wie Schiller beim ersten Teil drängte auch er Goethe immer wieder, bis dieser im Februar 1825 die älteren Manuskripte erneut vornahm und die Dichtung schließlich in sechsjähriger, fast täglicher Arbeit vollendete. Das *inkommensurable* Werk wurde für ihn das *Hauptgeschäft* seiner letzten Lebensjahre. Zurückblickend schrieb er am 20. Juli 1831 an Heinrich Meyer:

Wundersam bleibt es immer, wie sich der von allem absondernde, teils revolutionäre, teils einsiedlerische Egoismus durch die lebendigen Tätigkeiten aller Art hindurchzieht. Den meinen, will ich nur bekennen, hab ich ins Innerste der Produktion zurückgezogen und den nunmehr seit vollen vier Jahren wieder ernstlich aufgenommenen zweiten Teil des Faust in sich selbst arrangiert, bedeutende Zwischenlücken ausgefüllt und vom Ende herein, vom Anfang zum Ende das Vorhandene zusammengeschlossen. Dabei hoffe ich, es soll mir geglückt sein, all den Unterschied des Früheren und Späteren ausgelöscht zu haben.

Ich wußte schon lange her, was, ja sogar, wie ich's wollte, und trug es als ein inneres Märchen seit so vielen Jahren mit mir herum, führte aber nur die einzelnen Stellen aus, die mich von Zeit zu Zeit näher anmuteten. Nun sollte und konnte dieser zweite Teil nicht so fragmentarisch sein als der erste. Der Verstand hat mehr Recht daran, wie man auch wohl schon an dem davon gedruckten Teil ersehen haben wird. Freilich bedurfte es zuletzt einen recht kräftigen Entschluß, das Ganze zusammenzuarbeiten, daß es vor einem gebildeten Geiste bestehen könne. Ich bestimmte daher fest in mir, daß es noch vor meinem Geburtstage vollendet sein müsse. Und so wird es auch. Das Ganze liegt vor mir, und ich habe nur noch Kleinigkeiten zu berichtigen. So siegle ich's ein, und dann mag es das spezifische Gewicht meiner folgenden Bände, wie es auch damit werden mag, vermehren. Wenn es noch Probleme genug enthält, indem — der Welt- und Menschengeschichte gleich — das zuletzt aufgelöste Problem immer wieder ein neues aufzulösendes darbietet, so wird es doch gewiß denjenigen erfreuen, der sich auf Miene, Wink und leise Hindeutung versteht. Er wird sogar mehr finden, als ich geben konnte. Und so ist nun ein schwerer Stein über den Bergesgipfel auf die andere Seite hinabgewälzt. Gleich liegen aber wieder andere hinter mir, die auch wieder gefördert sein wollen, damit erfüllt werde, was geschrieben steht: «Solche Mühe hat Gott dem Menschen gegeben.»

Zwei Tage nach diesem Brief, am 22. Juli 1831, konnte Goethe schließlich im Tagebuch vermerken: *Das Hauptgeschäft zu Stande*

Die Erscheinung des Erdgeists.
Bleistiftzeichnung Goethes, 1810–1812

gebracht. *Letztes Mundum. Alles rein Geschriebene eingeheftet.* Der
Faust war vollendet. Einen Monat später siegelte er das Manuskript
ein und bestimmte, daß es erst nach seinem Ableben gedruckt werden dürfe. *Faust, der Tragödie zweiter Teil* erschien 1833 als erster
Band seiner *Nachgelassenen Werke.*

In unzähligen Büchern ist die Dichtung seitdem gedeutet worden,
aber trotzdem erscheint es manchmal, als seien ihre Fülle an Gedanken, Visionen und Anspielungen, der Reichtum an Ausdruck und
Empfindung, noch immer nicht gänzlich gehoben. Gehen auch
zahlreiche Szenen in Goethes Tragödie auf die Überlieferung der
Faustbücher zurück oder erinnern, wie der Eingangsmonolog Fausts,
noch stark an Marlowe und seine Nachfolger, so besteht doch ein

*Programmzettel zur ersten Aufführung
des «Faust» in Braunschweig
am 19. Januar 1829*

großer Unterschied zu allen früheren Behandlungen darin, daß der Teufelspakt hier von einem *Prolog im Himmel* abhängig gemacht wird. Die Pole des Spieles sind bei Goethe «der Herr», der den Glauben an die zwar irrende, aber im Kern doch gute Menschheit nicht aufgegeben hat, und Mephistopheles, nun allerdings nicht mehr ein seelenhungriger Teufel wie im Volksbuch, sondern eher eine vielschichtige Verkörperung des Skeptizismus, der allerdings auch noch seinen Platz unter dem Gesinde «des Herrn» hat. Diesem weiten Rahmen entsprechend steht der eigentliche Vertrag zwischen Faust und Mephistopheles unter dem ganz Goetheschen Gesichtspunkt, ob Fausts Streben nach Erkenntnis jemals zum Stillstand gebracht werden könne, sei es durch Genuß oder Selbstgefallen. In diesem Sinne wettet er mit Mephistopheles:

> *Werd ich beruhigt je mich auf ein Faulbett legen,*
> *So sei es gleich um mich getan!*
> *Kannst du mich schmeichelnd je belügen*
> *Daß ich mir selbst gefallen mag,*
> *Kannst du mich mit Genuß betriegen:*
> *Das sei für mich der letzte Tag!*
> *Die Wette biet ich!*

Von diesem Pakt aus gesehen erscheinen sämtliche Geschehnisse der Tragödie als Versuche des Mephistopheles, Faust durch Lebensgenuß zu gewinnen. Die wichtigsten Stationen seines Weges durch die *große und kleine Welt* werden im ersten Teil seine Liebe zu Gretchen und die sich daraus ergebenden Verstrickungen; im zweiten Teil sein Auftreten an einem mächtigen Kaiserhof, sein Gang zu den *Müttern* und seine Konfrontierung mit den Gestalten der griechischen Mythologie in der *Klassischen Walpurgisnacht*, die zu einer Verbindung mit Helena als dem Symbol der höchsten Schönheit führt. Im fünften Akt wird er nach bedeutenden Taten als Feldherr des Kaisers schließlich mit dem Strand des Reiches belehnt und macht ein großes Meeresgebiet urbar. Eine der letzten Szenen, die Goethe schrieb, schildert Fausts Vision eines freien Volkes, das dereinst auf diesem Boden wohnen könnte:

> *Im Vorgefühl von solchem hohen Glück*
> *Genieß ich jetzt den höchsten Augenblick.*

Mit diesen Worten stirbt der Hundertjährige. Mephistopheles war es nicht gelungen, ihn von seinem Streben abzubringen. Er hat seine Wette zwar nicht der Form, aber doch der Sache nach verloren. Himmlische Mächte, Gestalten aus der *christlich-kirchlichen* Glaubenswelt, *entführen Faustens Unsterbliches.*

Vielleicht der wichtigste Aspekt der Tragödie Goethes ist nun, daß sich diese Geschehnisse nicht allein in der äußeren Welt, sondern vor allem in der Seele Fausts abspielen. Trotz der Buntheit der Szenen

Aus Goethes Niederschrift des «Faust»,
zweiter Teil, 5. Akt, Vers 11918–11941

und der Vielfalt der dargestellten Ereignisse ist Goethes *Faust* ein Seelendrama mit einer Kette von inneren Erfahrungen, Kämpfen und Zweifeln. Eckermann zeichnete dazu im Juni 1831, zwei Wochen vor Abschluß der Dichtung, eine ausdrückliche Erklärung Goethes auf:

«Wir sprachen sodann über den Schluß, und Goethe machte mich auf die Stelle aufmerksam, wo es heißt:

> *Gerettet ist das edle Glied*
> *Der Geisterwelt vom Bösen:*
> *Wer immer strebend sich bemüht,*
> *Den können wir erlösen,*
> *Und hat an ihm die Liebe gar*
> *Von oben teilgenommen,*
> *Begegnet ihm die selige Schar*
> *Mit herzlichem Willkommen.*

In diesen Versen, sagte er, *ist der Schlüssel zu Fausts Rettung enthalten. In Faust selber eine immer höhere und reinere Tätigkeit bis ans Ende, und von oben die ihm zu Hilfe kommende ewige Liebe. Es steht dieses mit unserer religiösen Vorstellung durchaus in Harmonie, nach welcher wir nicht bloß durch eigene Kraft selig werden, sondern durch die hinzukommende göttliche Gnade.»*

Zum letztenmal äußerte Goethe sich über den *Faust* am 17. März 1832. Auf eine Frage Wilhelm von Humboldts nach den Stufen und Epochen seiner Arbeit an der Dichtung antwortete er mit folgendem Brief:

Nach einer langen unwillkürlichen Pause beginne folgendermaßen und doch nur aus dem Stegreife. Die Tiere werden durch ihre Organe belehrt, sagten die Alten; ich setze hinzu: die Menschen gleichfalls, sie haben jedoch den Vorzug, ihre Organe dagegen wieder zu belehren.

Zu jedem Tun, daher zu jedem Talent, wird ein Angebornes gefordert, das von selbst wirkt und die nötigen Anlagen unbewußt mit sich führt, deswegen auch so geradehin fortwirkt, daß, ob es gleich die Regel in sich hat, es doch zuletzt ziel- und zwecklos ablaufen kann.

Je früher der Mensch gewahr wird, daß es ein Handwerk, daß es eine Kunst gibt, die ihm zur geregelten Steigerung seiner natürlichen Anlagen verhelfen, desto glücklicher ist er; was er auch von außen empfange, schadet seiner eingebornen Individualität nichts. Das beste Genie ist das, welches alles in sich aufnimmt, sich alles zuzueignen weiß, ohne daß es der eigentlichen Grundbestimmung, demjenigen was man Charakter nennt, im mindesten Eintrag tue, viel-

mehr solches noch erst recht erhebe und durchaus nach Möglichkeit befähige.

Hier treten nun die mannigfaltigen Bezüge ein zwischen dem Bewußten und Unbewußten; denke man sich ein musikalisches Talent, das eine bedeutende Partitur aufstellen soll: Bewußtsein und Bewußtlosigkeit werden sich verhalten wie Zettel und Einschlag, ein Gleichnis das ich so gerne brauche.

Die Organe des Menschen durch Übung, Lehre, Nachdenken, Gelingen, Mißlingen, Fördernis und Widerstand und immer wieder Nachdenken verknüpfen ohne Bewußtsein in einer freien Tätigkeit das Erworbene mit dem Angebornen, so daß es eine Einheit hervorbringt welche die Welt in Erstaunen setzt.

Dieses Allgemeine diene zu schneller Beantwortung der Frage und zur Erläuterung des wieder zurückkehrenden Blättchens.

Es sind über sechzig Jahre, daß die Konzeption des Faust bei mir jugendlich von vornehein klar, die ganze Reihenfolge hin weniger ausführlich vorlag. Nun hab ich die Absicht immer sachte neben mir hergehen lassen, und nur die mir gerade interessantesten Stellen einzeln durchgearbeitet, so daß im zweiten Teil Lücken blieben, durch ein gleichmäßiges Interesse mit dem übrigen zu verbinden. Hier trat nun freilich die große Schwierigkeit ein, dasjenige durch Vorsatz und Charakter zu erreichen, was eigentlich der freiwillig tätigen Natur allein zukommen sollte. Es wäre aber nicht gut, wenn es nicht auch nach einem so langen, tätig nachdenkenden Leben möglich geworden wäre, und ich lasse mich keine Furcht angehen, man werde das Ältere vom Neueren, das Spätere vom Früheren unterscheiden können, welches wir denn den künftigen Lesern zur geneigten Einsicht übergeben wollen.

Ganz ohne Frage würd es mir unendliche Freude machen, meinen werten, durchaus dankbar anerkannten, weit verteilten Freunden auch bei Lebzeiten diese sehr ernsten Scherze zu widmen, mitzuteilen und ihre Erwiderung zu vernehmen. Der Tag aber ist wirklich so absurd und konfus, daß ich mich überzeuge, meine redlichen, lange verfolgten Bemühungen um dieses seltsame Gebäu würden schlecht belohnt und an den Strand getrieben, wie ein Wrack in Trümmern daliegen und von dem Dünenschutt der Stunden zunächst überschüttet werden. Verwirrende Lehre zu verwirrtem Handel waltet über die Welt, und ich habe nichts angelegentlicher zu tun als dasjenige was an mir ist und geblieben ist wo möglich zu steigern und meine Eigentümlichkeiten zu kohobieren, wie Sie es, würdiger Freund, auf Ihrer Burg ja auch bewerkstelligen.

Teilen Sie mir deshalb auch etwas von Ihren Arbeiten mit; Riemer ist, wie Sie wohl wissen, an die gleichen und ähnlichen Studien

geheftet und unsere Abendgespräche führen oft auf die Grenzen dieses Faches.

Verzeihung diesem verspäteten Blatte! Ohngeachtet meiner Ab-
geschlossenheit findet sich selten eine Stunde, wo man sich diese Geheimnisse des Lebens vergegenwärtigen mag.   treu angehörig
Weimar den 17. März 1832   J. W. v. Goethe

Friedrich Preller,
Goethe nach der Natur gezeichnet am Tage seiner Beerdigung

Nicht einmal eine Woche nach dem Diktat dieses Briefes, am 22. März 1832, mittags um halb zwölf Uhr, starb Goethe im Alter von zweiundachtzig Jahren. Johann Peter Eckermann sah den Toten am folgenden Tag: «Auf dem Rücken ausgestreckt, ruhte er wie ein Schlafender. Tiefer Friede und Festigkeit waltete auf den Zügen seines erhaben-edlen Gesichts. Die mächtige Stirn schien noch Gedanken zu hegen . . .»

1749	28. August: Johann Wolfgang Goethe als Sohn des Kaiserlichen Rates Dr. jur. Johann Caspar Goethe und seiner Frau Catharina Elisabeth geb. Textor in Frankfurt am Main geboren.
1750	7. Dezember: Goethes Schwester Cornelia geboren.
1752 – 1755	Besuch der Spielschule.
1755	Umbau des Elternhauses am Großen Hirschgraben. Beginn des Privatunterrichts unter der Aufsicht des Vaters. 1. November: Erdbeben zu Lissabon. Religiöse Erschütterung Goethes.
1759	Januar bis Februar 1763: Besetzung Frankfurts durch die Franzosen. Einquartierung des Grafen Thoranc in Goethes Elternhaus.
1764	3. April: Krönung Josephs des Zweiten zum römisch-deutschen Kaiser. Goethe unter den Zuschauern der Feierlichkeiten.
1765	Oktober bis August 1768: Studium in Leipzig. Bekanntschaft mit Käthchen Schönkopf, Behrisch, Oeser. *Das Buch Annette. Die Laune des Verliebten.*
1768	Juli: Schwere Erkrankung. 28. August: Abreise von Leipzig. September bis März 1770: Krankheit und Genesung in Frankfurt. Umgang mit Susanna Katharina von Klettenberg. *Die Mitschuldigen.*
1770	April bis August 1771: Studium in Straßburg. September bis April 1771: Herder in Straßburg. Oktober: Erster Besuch in Sesenheim. Bekanntschaft mit Friederike Brion.
1771	*Gedichte für Friederike Brion.* 6. August: Promotion zum Lizentiaten der Rechte. Mitte August: Rückkehr nach Frankfurt. Ende August: Zulassung als Rechtsanwalt beim Frankfurter Schöffengericht. *Zum Schäkespears Tag. Geschichte Gottfriedens von Berlichingen dramatisirt.*
1772	Januar–Februar: Bekanntschaft mit Merck und dem Darmstädter Zirkel der Empfindsamen. Mai–September: Praktikant am Reichskammergericht in Wetzlar. Bekanntschaft mit Charlotte Buff. *Von deutscher Baukunst.* Mitarbeit an den «Frankfurter Gelehrten Anzeigen». *Wanderers Sturmlied.*
1773	*Jahrmarktsfest zu Plundersweilern. Satyros. Concerto dramatico. Götter, Helden und Wieland. Erwin und Elmire. Brief des Pastors.*
1773 – 1775	*Urfaust. Prometheus. Mahomet.*
1774	Juli–August: Lahn- und Rheinreise mit Lavater und Basedow.

1774	Besuch bei den Brüdern Jacobi in Düsseldorf.
	Dezember: Erste Begegnung mit Erbprinz Karl August von Sachsen-Weimar-Eisenach in Frankfurt.
	Die Leiden des jungen Werthers. Clavigo. Claudine von Villa Bella. Der Ewige Jude.
1775	April: Verlobung mit Lili Schönemann.
	Mai–Juli: Erste Reise in die Schweiz.
	September und Oktober: Herzog Karl August lädt Goethe nach Weimar ein.
	Herbst: Lösung des Verlöbnisses mit Lili Schönemann.
	Stella. Lili-Lieder. Egmont begonnen.
	30. Oktober: Abreise von Frankfurt.
	7. November: Ankunft in Weimar.
	November: Erste Begegnung mit Charlotte von Stein.
1776	Januar–Februar: Entschluß, länger in Weimar zu bleiben.
	März–April: Reise nach Leipzig.
	April: Goethe zieht in das Gartenhaus an den Ilmwiesen, wohnt dort bis Juni 1782.
	11. Juni: Eintritt in den weimarischen Staatsdienst. Ernennung zum Geheimen Legationsrat.
	Oktober: Herder kommt als Generalsuperintendent nach Weimar.
	November: Goethe wird mit den Vorbereitungen zur Wiederaufnahme des Bergbaus in Ilmenau betraut.
	Dezember: Reise nach Leipzig und Wörlitz.
	Gedichte für Frau von Stein. Die Geschwister. Proserpina.
1776	und folgende Jahre: Goethe beteiligt sich an den Aufführungen des Weimarer Liebhabertheaters.
1777	8. Juni: Tod der Schwester.
	September–Oktober: In Eisenach und auf der Wartburg.
	Dezember: Ritt durch den Harz.
	Lila. Der Triumph der Empfindsamkeit. Anfänge von *Wilhelm Meisters theatralischer Sendung. Harzreise im Winter.*
1778	Mai: Reise mit Herzog Karl August nach Berlin und Potsdam.
	Grenzen der Menschheit.
1779	Januar: Goethe übernimmt die Leitung der Kriegs- und der Wegebaukommission. Seitdem häufige Reisen durch das Herzogtum.
	Februar–März: *Iphigenie auf Tauris.*
	September: Ernennung zum Geheimen Rat.
	September bis Januar 1780: Zweite Reise in die Schweiz mit Herzog Karl August.
	Gesang der Geister über den Wassern. Jery und Bätely.
1780	Goethe beginnt, sich mit mineralogischen Studien zu beschäftigen.
	Torquato Tasso begonnen.
1781	Sommer und folgende Jahre: Goethe nimmt an dem Leben der Weimarer Hofgesellschaft in Tiefurt teil.

1781	November bis Januar 1782: Vorträge über Anatomie im Weimarer Freien Zeicheninstitut.

1781   November bis Januar 1782: Vorträge über Anatomie im Weimarer Freien Zeicheninstitut.
Die Fischerin. Elpenor.

1782   März–April, Mai: Diplomatische Reisen an die thüringischen Höfe.
25. Mai: Tod von Goethes Vater.
2. Juni: Goethe bezieht das Haus am Frauenplan.
3. Juni: Goethe erhält das von Kaiser Joseph II. ausgestellte Adelsdiplom.
11. Juni: Goethe wird mit dem Präsidium der Kammer beauftragt.
Dezember bis Januar 1783: Reise nach Dessau und Leipzig.

1783   September–Oktober: Zweite Reise in den Harz, nach Göttingen und Kassel.
Das Göttliche.

1784   24. Februar: Goethe eröffnet den neuen Bergbau zu Ilmenau.
März: Entdeckung des Zwischenkieferknochens des Menschen.
August–September: Reise mit Herzog Karl August nach Braunschweig. Dritte Reise in den Harz mit Georg Melchior Kraus.
Scherz, List und Rache. Die Geheimnisse.

1785   Goethe beginnt, sich mit botanischen Studien zu beschäftigen.
Juni–August: In Karlsbad.
November bis Frühjahr 1786: Mehrfach in Ilmenau und Jena.
Abschluß von *Wilhelm Meisters theatralischer Sendung.*

1786   Juli–August: In Karlsbad.
3. September: Heimliche Abreise von Karlsbad nach Italien.
28. September bis 14. Oktober: In Venedig.
29. Oktober: Ankunft in Rom.
Iphigenie auf Tauris, in Versen.

1787   Februar–Juni: Reise nach Neapel und Sizilien.
April: Im botanischen Garten in Palermo erkennt Goethe das Prinzip der Urpflanze.

1787   und 1788: Abschluß des *Egmont.* Pläne zu *Nausikaa.* Arbeit an *Faust* und *Torquato Tasso.*

1788   23. April: Abschied von Rom.
18. Juni: Rückkehr nach Weimar.
Juni: Entlastung von allen Regierungsgeschäften mit Ausnahme der Ilmenauer Kommissionen. In den folgenden Jahren sukzessive Übernahme der Oberleitung über die wissenschaftlichen und künstlerischen Anstalten des Herzogtums.
Juli: Verbindung mit Christiane Vulpius.
7. September: Erstes Zusammentreffen mit Schiller in Rudolstadt.
Römische Elegien.

1789   September–Oktober: Reise nach Aschersleben und in den Harz.
25. Dezember: Goethes Sohn August geboren.

1789	*Torquato Tasso* abgeschlossen.
1790	März–Juni: Reise nach Venedig.

1789   *Torquato Tasso* abgeschlossen.

1790   März–Juni: Reise nach Venedig.
April: Entdeckung der Wirbeltheorie des Schädels.
Juli–Oktober: Reise nach Schlesien in das preußische Feldlager, nach Krakau und Czenstochau.
Beginn der Studien zur Farbenlehre.
Die Metamorphose der Pflanzen. Venezianische Epigramme.
Druck von *Faust, ein Fragment.*

1791   Januar: Betrauung mit der Leitung des Weimarer Hoftheaters.
Der Groß-Cophta. Beiträge zur Optik.

1792   August–Oktober: Goethe nimmt im Gefolge des Herzogs Karl August an der Kampagne in Frankreich teil.
20. September: Kanonade von Valmy.
November–Dezember: Besuche bei Friedrich Heinrich Jacobi in Düsseldorf und bei der Fürstin Gallitzin in Münster.

1793   Mai–Juli: Als Beobachter bei der Belagerung von Mainz.
Der Bürgergeneral. Reineke Fuchs.

1794   Ende Juli: Unterredung mit Schiller über die Urpflanze nach einer Sitzung der Naturforschenden Gesellschaft in Jena.
Beginn der Freundschaft mit Schiller.
Juli–August: Reise mit Herzog Karl August nach Wörlitz und Dresden.
Die Aufgeregten. Unterhaltungen deutscher Ausgewanderten.

1794   und folgende Jahre: Goethe hält sich häufig in Jena auf, verkehrt im Kreise der Jenaer Professoren; beschäftigt sich viel mit naturwissenschaftlichen Studien, besonders zur Metamorphose und Farbenlehre.

1795   Juli–August: In Karlsbad.
Das Märchen. Anfänge der *Xenien.*

1796   *Xenien. Wilhelm Meisters Lehrjahre* abgeschlossen. *Hermann und Dorothea.* Übersetzung der Lebensgeschichte des *Benvenuto Cellini.*

1797   August–November: Dritte Reise in die Schweiz.
August: In Frankfurt. Goethe sieht seine Mutter zum letztenmal.
Dezember: Betrauung mit der Oberaufsicht über die Bibliothek und das Münzkabinett in Weimar.
Balladen. Wiederaufnahme der Arbeiten am *Faust.*

1798   März: Erwerbung eines Gutes in Oberroßla bei Weimar.
12. Oktober: Eröffnung des umgebauten Hoftheaters in Weimar mit «Wallensteins Lager».
Propyläen. eine periodische Schrift (bis 1800).

1799   September: Erste Kunstausstellung der Weimarer Kunstfreunde.
Dezember: Übersiedlung Schillers von Jena nach Weimar.
Achilleis. Die natürliche Tochter begonnen. Übersetzung von Voltaires *Mahomet.*

1800	April–Mai: Reise mit Herzog Karl August nach Leipzig und Dessau.
	Arbeit an den *Helena-Szenen* zum zweiten Teil des *Faust*. Übersetzung von Voltaires *Tancred. Paläophron und Neoterpe.*
1801	Januar: Erkrankung an Gesichtsrose.
	Juni–August: Reise nach Pyrmont, Göttingen und Kassel.
1802	Januar–Juni: Häufig in Jena.
	Februar: Erster Besuch Zelters in Weimar.
	26. Juni: Eröffnung des neuen Theaters in Lauchstädt, Goethe hält sich in diesem Sommer mehrfach in Lauchstädt auf.
1803	Mai: Reise nach Lauchstädt, Halle, Merseburg, Naumburg.
	September: Riemer wird Hauslehrer von Goethes Sohn.
	November: Goethe wird mit der Oberaufsicht über die naturwissenschaftlichen Institute der Universität Jena beauftragt. *Die natürliche Tochter* abgeschlossen.
1804	August–September: In Lauchstädt und Halle.
	13. September: Ernennung zum Wirklichen Geheimen Rat. *Winckelmann und sein Jahrhundert.*
1805	Januar–Februar: Schwere Anfälle von Nierenkolik.
	9. Mai: Tod Schillers.
	Juli–September: Wiederholt in Lauchstädt.
	August: Reise nach Magdeburg und Halberstadt. *Epilog zu Schillers Glocke.*
1806	13. April: Abschluß von *Faust, erster Teil*.
	Juni–August: In Karlsbad.
	14. Oktober: Schlacht bei Jena. Besetzung Weimars.
	19. Oktober: Trauung mit Christiane Vulpius. *Metamorphose der Tiere.*
1807	10. April: Tod der Herzogin-Mutter Anna Amalia.
	Mai–September: In Karlsbad.
	November–Dezember: Besuche im Frommannschen Haus in Jena. Bekanntschaft mit Minchen Herzlieb. *Sonette. Wilhelm Meisters Wanderjahre* begonnen.
1808	Mai–September: In Karlsbad und Franzensbad.
	13. September: Tod von Goethes Mutter.
	2. Oktober: Unterredung mit Napoleon in Erfurt, weitere Unterredungen am 6. und 10. Oktober in Weimar. *Pandora.*
1809	*Die Wahlverwandtschaften.* Arbeit an der *Farbenlehre.*
1810	Mai–September: In Karlsbad, Teplitz, Dresden.
	Abschluß der *Farbenlehre. Philipp Hackert. Goethes Werke* in dreizehn Bänden erschienen (seit 1806).
1811	Mai–Juni: In Karlsbad mit Christiane und Riemer. *Dichtung und Wahrheit, erster Teil.*
1812	Mai–September: In Karlsbad und Teplitz. Begegnungen mit Ludwig van Beethoven und Kaiserin Maria Ludovica von Österreich.

1812	*Dichtung und Wahrheit, zweiter Teil.*
1813	20. Januar: Tod Wielands.

1812   *Dichtung und Wahrheit, zweiter Teil.*
1813   20. Januar: Tod Wielands.
         April–August: In Teplitz.
         16.–19. Oktober: Schlacht bei Leipzig.
         Dichtung und Wahrheit, dritter Teil.
1814   Mai–Juni: In Bad Berka bei Weimar.
         Juli–Oktober: Reise in die Rhein- und Maingegenden. Begegnung mit Marianne von Willemer. Besuche bei den Brüdern Boisserée in Heidelberg.
         16. August: Teilnahme am Sankt Rochus-Fest zu Bingen.
         West-östlicher Divan.
1815   Februar: Durch Beschluß des Wiener Kongresses wird Sachsen-Weimar-Eisenach Großherzogtum.
         Mai–Oktober: Zweite Reise in die Rhein- und Maingegenden.
         Ende Juli: Fahrt von Nassau nach Köln mit Freiherrn v. Stein.
         26. September: Letzte Begegnung mit Marianne von Willemer in Heidelberg.
         12. Dezember: Sämtliche kulturellen Institute des Großherzogtums werden unter Goethes Leitung in der «Oberaufsicht über die unmittelbaren Anstalten für Wissenschaft und Kunst in Weimar und Jena» zusammengefaßt. Ernennung Goethes zum Staatsminister.
         West-östlicher Divan. Zahme Xenien.
1816   6. Juni: Tod Christianes.
         Juli–September: In Bad Tennstedt.
         West-östlicher Divan. Italienische Reise, erster und zweiter Teil. Zeitschrift *Über Kunst und Altertum* (bis 1832).
1817   März–August, November–Dezember: Häufig in Jena.
         13. April: Entbindung von der Leitung des Hoftheaters.
         17. Juni: Vermählung Augusts von Goethe mit Ottilie von Pogwisch.
         Oktober: Goethe wird mit der Aufsicht über die Vereinigung der Bibliotheken in Jena beauftragt.
         Urworte, Orphisch. Geschichte meines botanischen Studiums. Zeitschrift *Zur Naturwissenschaft überhaupt, besonders zur Morphologie* (bis 1824).
1818   9. April: Goethes Enkel Walther geboren.
         Juli–September: In Karlsbad.
1819   August–September: In Karlsbad.
         West-östlicher Divan abgeschlossen. *Goethes Werke* in zwanzig Bänden erschienen (seit 1815).
1820   April–Mai: In Karlsbad.
         Sommer und Herbst: In Jena.
         18. September: Goethes Enkel Wolfgang geboren.
         Arbeit an *Wilhelm Meisters Wanderjahren. Zahme Xenien.*
1821   Juli–September: In Marienbad und Eger. Erste Begegnung mit Ulrike von Levetzow.
1822   Juni–August: In Marienbad und Eger.

1822	*Kampagne in Frankreich* abgeschlossen.
1823	Februar–März: Herzbeutelentzündung.
	10. Juni: Erster Besuch Eckermanns bei Goethe.
	Juli–September: In Marienbad, Eger und Karlsbad.
	Marienbader Elegie.
	November: Schwere Erkrankung an Krampfhusten.
1824	Vorbereitungen zur Herausgabe des *Briefwechsels mit Schiller.*
1825	Februar: Wiederaufnahme der Arbeit am *Faust, zweiter Teil.*
	21. März: Brand des Weimarer Theaters.
	7. November: Feier des fünfzigsten Jahrestages von Goethes Ankunft in Weimar.
1826	Abschluß des *Helena-Aktes* zum *Faust. Novelle.*
1827	6. Januar: Tod Charlotte von Steins.
	29. Oktober: Goethes Enkelin Alma geboren.
	Zahme Xenien.
1828	14. Juni: Tod des Großherzogs Karl August.
	Juli–September: Goethe zieht sich auf die Dornburg zurück.
1829	Januar: Erste *Faust*-Aufführung in Braunschweig.
	Wilhelm Meisters Wanderjahre vollendet. *Italienische Reise, Zweiter römischer Aufenthalt.*
1830	14. Februar: Tod der Großherzogin Luise.
	10. November: Goethe erhält die Nachricht vom Tode seines Sohnes in Rom am 26. Oktober, erleidet Ende November einen Blutsturz.
	Dichtung und Wahrheit, vierter Teil. Goethes Werke, vollständige Ausgabe letzter Hand, in vierzig Bänden erschienen (seit 1827). Zwanzig Bände *Nachgelassene Werke* erschienen nach Goethes Tod 1832–1842.
1831	22. Juli: *Faust, zweiter Teil* abgeschlossen.
	28. August: Letzter Geburtstag Goethes in Ilmenau.
1832	16. März: Letzte Erkrankung Goethes.
	22. März: Tod Goethes.

Die Datierungen der Werke Goethes beziehen sich, soweit nicht anders angegeben, auf die Zeit der Entstehung.

ZEUGNISSE

Friedrich Wilhelm von Schelling

Es gibt Zeiten, in welchen Männer von großartiger Erfahrung, unerschütterlich gesunder Vernunft, und einer über allen Zweifel erhabenen Reinheit der Gesinnung, schon durch ihr bloßes Dasein erhaltend und bekräftigend wirken. In einer solchen Zeit erleidet nicht die deutsche Literatur bloß, Deutschland selbst, den schmerzlichsten Verlust, den es erleiden konnte. Der Mann entzieht sich ihm, der in allen innern und äußern Verwirrungen wie eine mächtige Säule stand, an der viele sich aufrichteten, wie ein Pharus, der alle Wege des Geistes beleuchtete; der, aller Anarchie und Gesetzlosigkeit durch seine Natur feind, die Herrschaft, welche er über die Geister ausübte, stets nur der Wahrheit und dem in sich selbst gefundenen Maß verdanken wollte; in dessen Geist und, wie ich hinzusetzen darf, in dessen Herzen Deutschland für alles, wovon es in Kunst oder Wissenschaft, in der Poesie oder im Leben bewegt wurde, das Urteil väterlicher Weisheit, eine letzte versöhnende Entscheidung zu finden sicher war. Deutschland war nicht verwaist, nicht verarmt, es war in aller Schwäche und inneren Zerrüttung groß, reich und mächtig von Geist, solange Goethe lebte.

Gedenkworte bei Goethes Tod. 1832

Thomas Carlyle

So ist denn unser größter Dichter dahin. Die himmlische Kraft, die so vieler Dinge Herr wurde, weilt hier nicht länger. Der Werktagsmann, der bisher zu uns gehörte, hat das Ewigkeitsgewand angelegt und strahlt in triumphierender Glorie. Sein Schwinden glich dem Untergang der Sonne. Die Sonne offenbart körperliche Dinge, der Weltpoet ist Auge und Offenbarer aller Dinge in ihrer Geistigkeit. Wie groß ist der Zeitraum, den die Tätigkeit dieses Mannes annäherungsweise etwa beeinflussen wird? Es war für uns Zeitgenossen schon eine Art Auszeichnung, an die Existenz eines solchen Dichters glauben zu dürfen. Er sah in das größte aller Geheimnisse, das offene, hinein. Was er gesprochen hat, wird Tat werden. Das achtzehnte Jahrhundert war eine todkranke Zeit. Die neue Epoche begann in dem Augenblick, da ein Weiser geboren wurde. Kraft göttlicher Vorbestimmung wurde ein solcher Mensch der Erlöser seiner Zeit. –

Lag nicht der Fluch der Zeit auf ihm? Es war Erlösung durch Güte, denn Größe ist Güte.

Death of Goethe. 1832

HERMAN GRIMM

Über Goethe scheint fast schon zuviel gesagt zu sein. Eine Bibliothek von Veröffentlichungen ist vorhanden, die ihn betreffen. Täglich vermehren sie sich. Keine Woche beinahe verging in der letzten Zeit, daß nicht hier oder dort dennoch wieder ein Novum von Goethe oder über ihn gedruckt wurde. Und doch, diese ihm zugewandte Arbeit bietet nur die Anfänge erst einer Tätigkeit, die in eine unabsehbare Zukunft hineinreichen muß. Goethes erstes Jahrhundert erst ist abgelaufen: keinem der folgenden aber, soweit wir die Zukunft ermessen dürfen, wird die Mühe erspart bleiben, Goethes Gestalt immer wieder neu sich aufzubauen.

Vorlesung über Goethe. 1874

EMIL DU BOIS-REYMOND

Sein Theoretisieren beschränkt sich darauf, aus einem Urphänomen, wie er es nennt, welches aber schon ein sehr verwickeltes ist, andere Phänomene hervorgehen zu lassen, etwa wie ein Nebelbild dem anderen folgt, ohne einleuchtenden ursächlichen Zusammenhang. Der Begriff der mechanischen Kausalität war es, der Goethe gänzlich abging. Deshalb blieb seine Farbenlehre, abgesehen von deren subjektivem Teil, trotz den leidenschaftlichen Bemühungen eines langen Lebens, die totgeborene Spielerei eines autodidaktischen Dilettanten; deshalb konnte er sich mit den Physikern nicht verständigen; deshalb war Newtons Größe ihm verschlossen.

Goethe und kein Ende. 1882

FRIEDRICH NIETZSCHE

Goethe gehört in eine höhere Gattung von Literaturen, als «Nationalliteraturen» sind: deshalb steht er auch zu seiner Nation weder im Verhältnis des Lebens, noch des Neuseins, noch des Veraltens. Nur für wenige hat er gelebt und lebt er noch: für die meisten ist er nichts als eine Fanfare der Eitelkeit, welche man von Zeit zu Zeit über die deutsche Grenze hinüberbläst. Goethe, nicht nur ein guter

und großer Mensch, sondern eine Kultur – Goethe ist in der Geschichte der Deutschen ein Zwischenfall ohne Folgen.

Menschliches, Allzumenschliches. 1886

RUDOLF HUCH

Aber das ist die schlechte Komödie, die schale Ironie, die sich in der
Geschichte der Künste so gut findet wie in der der großen Welt, daß
von einem wirklichen Einflusse Goethes auf die Literatur unserer
Zeit nichts, aber auch gar nichts zu spüren ist.

Mehr Goethe! 1899

HUGO VON HOFMANNSTHAL

Goethes gedenken? Wie, bedarfs dazu
Besondern Tages? Braucht es da ein Fest?
Sein zu gedenken, der aus seinem Bann
Nie unsern Geist, nie unsre Brust entläßt!
Die Männer und die Frauen unsrer Zeit,
Wie haben sie von ihm gelernt zu lieben:
Wie dürftig wäre diese Welt geblieben,
Hätt er sie nicht im voraus uns geweiht!

*Prolog zu einer Gedächtnisfeier für Goethe am Burgtheater
zu Wien, den 8. Oktober 1899*

FRIEDRICH GUNDOLF

Goethe ist das größte verewigte Beispiel der modernen Welt, daß
die bildnerische Kraft eines Menschen, mag sie als Instinkt oder als
bewußter Wille wirken, den gesamten Umfang seiner Existenz durchdrungen hat: Goethes Bildnerkraft hat alle seine zufälligen Begeg-
nisse in Schicksal, das heißt in ihm zugehörige, sinnvolle, notwendige Wendung seiner Lebensbewegung verwandelt ... und eben diese Bildnerkraft hat alle seine Eigenschaften, alle von der Natur
ihm als Rohstoff mitgegebnen Anlagen, in Kultur, in lebendige
Bildung verwandelt, in Lebensgestalt: seine Vitalität in Produktivi-
tät.

Goethe. 1916

FRITZ VON UNRUH

Ist denn Goethe unser Besitz? Sind nicht auch wir nur durch die Welt
gerannt, ein jed' Gelüste bei den Haaren greifend? Lebten nicht auch
wir in jenem unseligen Wahn, «mit freiem Volk auf freiem Grund
zu stehen» — dem sorgenerblindeten Fauste gleich, der da Mephistos Spatengeklirr für das heilige Lärmen des Gemeindranges hielt –,
während uns in Wahrheit Satanas das Grab schaufelte, das große
Menschenmassengrab des Krieges?

Stirb und Werde. Eine Ansprache. 1922

ANTON KIPPENBERG

Goethe hat es gewußt und ausgesprochen, daß mit ihm eine Epoche
zu Ende ging, die so bald nicht wiederkehren wird. Aber wie Faust
nach schmerzlichem Erleben Helenas Gewand ergreift und festhält,
das ihn zu neuen Ufern trägt, so mögen wir, wie aus allem Großen
unserer Vergangenheit, auch aus der Goethe-Zeit das Beste unseres
Wesens hinübertragen in eine verwandelte, sich immer mehr wan-
delnde Welt.

Worte, gesprochen bei der Eröffnung der Goethe-Ausstellung
im Leipziger Kunstverein am 25. Oktober 1925

JOSÉ ORTEGA Y GASSET

Es ist fast lächerlich, wie Goethe mißverstanden wurde. Dieser Mann
hat sein Leben damit verbracht, sich selbst zu suchen oder zu mei-
den — eine Haltung, die der Sorge um die genaue Verwirklichung
seiner selbst polar entgegengesetzt ist. Denn das letzte setzt voraus,
daß kein Zweifel darüber besteht, was man ist, oder daß, wenn dies
einmal ermittelt ist, das Individuum zu seiner Selbstverwirklichung
entschlossen ist; dann mag die Aufmerksamkeit mit Ruhe bei den
Einzelheiten der Ausführung verweilen.

Um einen Goethe von innen bittend. 1932

ALBERT SCHWEITZER

Goethe ist der erste, der etwas wie Angst um den Menschen erlebt.
In einer Zeit, in der die andern noch unbefangen sind, dämmert ihm,
daß das große Problem, um das es in der kommenden Entwicklung

gehen wird, dieses sein wird, wie sich der einzelne gegen die Vielheit zu behaupten vermöge.

In dieser ahnenden Angst, die er in sich herumträgt und die hinter so manchem polternden Worte steht, das ihm den Vorwurf, reaktionär zu sein und die Zeichen der Zeit nicht zu verstehen, eingetragen hat, ist auch Angst um sein Volk. Er weiß, daß kein Volk sich so wider seine Natur vergeht, wenn die, die ihm angehören, sich ihrer geistigen Selbständigkeit begeben, wie das seine, sein Volk, das er mit so scheuem Stolze liebt. Weiß er doch, daß die tiefe Naturverbundenheit, die Geistigkeit und das Bedürfnis nach geistiger Selbständigkeit, die sein Wesen ausmachen, Kundgebungen der Seele seines Volkes in ihm sind.

Und nun, hundert Jahre nach seinem Tode, steht es so, daß durch die Gewalt der Ereignisse und die Einwirkung einer durch sie bestimmten unheilvollen materiellen Entwicklung auf das Wirtschaftliche, das Soziale und das Geistige allenthalben die materielle und die geistige Selbständigkeit der einzelnen, soweit sie nicht schon vernichtet wurden, in schwerster Weise bedroht sind. Des Hinscheidens Goethes gedenken wir in der gewaltigsten Schicksalsstunde, die je für die Menschheit geschlagen hat. In dieser Schicksalsstunde zu uns zu reden, ist er berufen wie kein anderer Dichter oder Denker. Als der Unzeitgemäßeste schaut er in unsere Zeit hinein, weil er mit dem Geiste, in dem sie lebt, so gar nichts gemein hat. Als der Zeitgemäßeste rät er ihr, weil er ihr das, was ihr not tut, zu sagen hat.

Goethe-Gedenkrede, gehalten bei der Feier der hundertsten Wiederkehr seines Todestags in seiner Vaterstadt Frankfurt am
22ten März 1932

Ernst Beutler

Und heute? Das ganze Reich liegt in Trümmern, ein Gebilde, ein Jahrtausend alt, uns ehrwürdig als Gefäß unserer Geschichte, als Traum und Verwirklichung der Geschlechterketten unserer Ahnen. Die Lebenden verzweifeln. Die Toten klagen an. Wäre es nicht gemäßer, den heutigen Tag mit Schweigen zu begehen? Das wäre wohl angemessen, wenn es sich um den Geburtstag eines Staatsmannes handelte, dessen Schöpfung zerschlagen liegt. Aber es gilt den Tag eines Dichters. Und des Dichters Reich ist das Wort. Wort und Lied sind ewig. Das Haus des Thomaskantors in Leipzig ist schon seit Jahrzehnten vom Erdboden verschwunden, aber Johann Sebastian Bach lebt. In ihm feiert die deutsche Musik sich selbst, wie sie es in Haydn tut und in Mozart, in Beethoven und in Schubert und in

Brahms. Ist es nicht merkwürdig, daß das Vergänglichste, ja das Nicht-Sichtbare, der Klang der Töne ein unzerstörbares Leben haben können und Stein und Erz überdauern? Troja ist verfallen seit mehr als dreitausend Jahren, Homer lebt. Und auch Goethe lebt und wird leben und zeugen von dem Edelsten und Schönsten, dessen deutscher Geist fähig gewesen ist, wird leben, so lange die Deutschen sein Andenken und damit sich selbst lebendig erhalten. Und darum dürfen wir am heutigen Tage nicht schweigen, sondern müssen reden.

Besinnung. Ansprache zur Feier von Goethes Geburtstag. 1945

Karl Jaspers

Wir dürfen keinen Menschen vergöttern. Die Zeit des Goethe-Kultus ist vorbei. Um echte Nachfolge zu ermöglichen, dürfen wir den Blick in den brüchigen Grund des Menschseins nicht verlieren. Unsere freie Freude am Großen, unser Mitgenommenwerden von der Liebeskraft Goethes, unser Atmen in seiner Lebensluft darf uns nicht hindern, gerade das zu tun, was er selbst verbarg, den Blick auf die Abgründe zu werfen. Wir finden bei Goethe gleichsam Erholung und Ermunterung, nicht aber die Befreiung von der Last, die uns auferlegt ist, nicht die Führung durch die Welt, die die unsere ist, und die Goethe nicht kannte.

Goethe ist nicht Vorbild zur Nachahmung. Er ist wie andere Große Orientierung für uns, – aber er ist mehr als sie durch sein menschliches Medium, in dem wir reiner werden, klarer werden, mehr und tiefer lieben. Goethe ist wie eine Vertretung des Menschseins, ohne doch der Weg für uns zu werden, dem wir folgen können. Er ist exemplarisch ohne Vorbild zu sein.

Goethe und unsere Zukunft. 1947

Thomas Mann

Was wir von Vorstellungen von Harmonie, glücklicher Ausgewogenheit und Klassizität mit Goethes Namen verbinden, war nichts leichthin Gegebenes, sondern eine gewaltige Leistung, das Werk von Charakterkräften, durch welche dämonisch-gefährliche und möglicherweise zerstörerische Anlagen überwunden, genützt, verklärt, versittlicht wurden, zum Guten und Lebensdienlichen gewendet und gezwungen. Und doch bleibt immer viel Dämonisch-Dunkles, Übermenschlich-Unmenschliches, das den bloßen Humanitarier kalt und schreckhaft anweht, in dieser mächtigen Existenz, schon dank der polaren Spannung, in der sie schwebt, dem problematischen Reichtum an Gegensätzen und Widersprüchen, der die Quelle ihres Schöpfertums ist; dank der ungeheueren Dialektik seiner Natur, in der das Göttliche und das Teuflische, Fausts unendliches Bestreben und der höhnische Nihilismus des Mephistopheles dichterisch auseinandertreten und einander die Wahrheit streitig machen.

Ansprache im Goethejahr 1949

GOTTFRIED BENN

Von Homer bis Goethe ist eine Stunde, von Goethe bis heute vierundzwanzig Stunden, vierundzwanzig Stunden der Verwandlung, der Gefahren, denen nur der begegnen kann, der seine eigenen gesetzlichen Dinge betreibt. Man hört jetzt oft die Frage nach einem «richtigen» Goethebild, das wird es nicht geben, man muß sich damit begnügen, daß hier etwas ins Strömen geraten ist, das verwirrt, nicht zu verstehen ist, aber an die Wüste gewordenen Ufer Keime streut –: das ist die Kunst.

Doppelleben. 1950

BIBLIOGRAPHIE

Diese Bibliographie kann nur zur allerersten Einführung in die weitverzweigte Fülle des Goethe-Schrifttums dienen. Neben den historisch bedeutenden und den neueren wissenschaftlichen Gesamtausgaben des Goetheschen Werkes wird nur eine kleine Auswahl wichtiger Sekundärliteratur verzeichnet. Hierbei werden hauptsächlich solche Darstellungen und Untersuchungen berücksichtigt, die Teilaspekte aus übergreifenden Sachzusammenhängen bieten, während von den Werkmonographien nur einige wenige Interpretationen zu den Hauptdichtungen aufgeführt werden. Für eine nähere Beschäftigung mit Goethe sei verwiesen auf die im ersten Abschnitt genannten Spezialbibliographien (insbesondere die von Pyritz, in Verbindung mit den Jahresbibliographien von Nicolai).

1. Bibliographien

HAGEN, WALTRAUD: Die Gesamt- und Einzeldrucke von Goethes Werken. Berlin 1956. XV, 154 S. (Werke Goethes. Hg. von der Deutschen Akademie der Wissenschaften zu Berlin. Ergänzungsband 1)

GOEDEKE, KARL: Grundriß zur Geschichte der deutschen Dichtung aus den Quellen. 3. Aufl. Fortgeführt von EDMUND GOETZE. Bd. 4, Abt. 2–4. Goethe-Literatur, bearb. von KARL KIPKA. Dresden 1910–1913. VI, 748; XVI, 826; IV, 321 S. – Ergänzung zur 3. Aufl.: Bd. 4, Abt. 5. CARL DIESCH und PAUL SCHLAGER: Goethe-Bibliographie 1912–1950. Hg. von HERBERT JACOB. Berlin 1960. IV, 997 S.

PYRITZ, HANS: Goethe-Bibliographie. Unter redaktioneller Mitarbeit von PAUL RAABE. Fortgeführt von HEINZ NICOLAI und GERHARD BURKHARDT. Unter redaktioneller Mitarbeit von KLAUS SCHRÖTER. Heidelberg 1955 ff [Erscheint in Lieferungen]

NICOLAI, HEINZ: Goethe-Bibliographie 1951–lfd. In: Goethe. Neue Folge des Jahrbuchs der Goethe-Gesellschaft. Bd. 14/15 (1952/53)–lfd. [Jahresbibliographien]

BALDENSPERGER, FERNAND: Bibliographie critique de Goethe en France. Paris 1907. X, 251 S.

GROSSER, ALFRED: Esquisse d'une bibliographie de Goethe en France de 1912 à 1948. In: Études germaniques 4 (1949), S. 312–344

CARRÉ, JEAN-MARIE: Bibliographie de Goethe en Angleterre. Paris 1920. XII, 176 S.

DICKSON, ALEXANDER JOHN: Goethe in England 1909–1949. A bibliography. Cardiff 1951. VII, 48 S. (Publications of the English Goethe Society. NS. 19)

SCHMID, GÜNTHER: Goethe und die Naturwissenschaften. Eine Bibliographie. Hg. von EMIL ABDERHALDEN. Halle 1940. XV, 620 S.

STERNFELD, FREDERICK WILLIAM: Goethe and music. A list of parodies. Goethe's relationship to music. A list of references. New York 1954. 176 S.

KEUDELL, ELISE VON: Goethe als Benutzer der Weimarer Bibliothek. Ein Verzeichnis der von ihm entliehenen Werke. Weimar 1931. XVI, 391 S.

RUPPERT, HANS: Goethes Bibliothek. Katalog. Weimar 1958. XVI, 825 S.

SCHRECKENBACH, HANS-JOACHIM: Goethes Autographensammlung. Katalog. Weimar 1961. XLV, 297 S.

Von wem ist die Rede, außer von Geld?

[9] Entbehren und genießen . . .

... das wäre die Regel des äußeren Glücks, und der Weg, gleich weit entfernt von Reichtum und Armut, von Überfluß und Mangel, von Schimmer und Dunkelheit die beglückende Mittelstraße, die wir wandern wollen. – Dieses mediokre Ideal beschrieb er, von dem die Rede ist, in einem frühen Werk. Er wurde geboren in Frankfurt an der Oder, im selben Jahr wie ein Zar und ein berühmter Mathematiker.

Wir kennen zwei Schriftsteller seines Namens (und beide waren mit einer Wilhelmine verlobt). Er, von dem die Rede ist, der jüngere, ließ sich 23jährig in Würzburg operieren, woran Literaten und Mediziner heute noch herumrätseln. Wenig später floh er vor seiner Arbeit im Wirtschaftsministerium nach Paris, mit seiner Halbschwester, die vorzugsweise in Männerkleidern auftrat. Anschließend wollte er sich als Bauer in der Schweiz niederlassen, aber es fehlten ihm Geld und Geduld.

Nach weiteren Reisen und einer Stellung als Diätar der preußischen Domänenkammer geriet er, dreißigjährig, in Gefangenschaft und wurde nach Frankreich deportiert. Nach Deutschland zurückgekehrt, versuchte er, in Dresden einen Verlag zu gründen und versprach seiner Halbschwester sagenhafte 22 Prozent Zinsen, wenn sie ihr kleines Vermögen in das Unternehmen steckte, was sie freilich nicht tat. Drei Jahre später war er Redakteur der ersten Berliner Abendzeitung, die aber nur ein halbes Jahr existierte. Er wählte, erst 34jährig, den Freitod am Ufer des Wannsees.

Wer war's? (Numerische Lösung: 11–12–5–9–19–20).

Hahn, Karl Heinz: Goethe- und Schiller-Archiv. Bestandsverzeichnis. Weimar 1961. 333 S.

2. Werkausgaben

a) Gesamtausgaben

Werke. Vollständige Ausgabe letzter Hand. 60 Bde. und Registerband. Stuttgart, Tübingen (Cotta) 1827–1842 [Als Oktavausgabe und Taschenausgabe]

Sämmtliche Werke in 40 Bänden. Vollständige, neugeordnete Ausgabe. 40 Bde. und Registerband. Stuttgart, Tübingen (Cotta) 1840

Werke. Nach den vorzüglichsten Quellen revidirte Ausgabe. 36 Theile (in 23 Bdn.). Berlin (Hempel) 1868–1879 [«Hempelsche Ausgabe»]

Werke. Hg. im Auftrage der Großherzogin Sophie von Sachsen. Abth. I–IV. 133 Bde. (in 143). Weimar (Böhlau) 1887–1919 [«Weimarer Ausgabe»]

Werke. Hg. von Karl Heinemann. Kritisch durchgesehene und erl. Ausgabe. 30 Bde. Leipzig (Bibliographisches Institut) 1901–1908 (Meyers Klassiker-Ausgaben)

Sämtliche Werke. Jubiläums-Ausgabe in 40 Bänden. Hg. von Eduard von der Hellen. 40 Bde. und Registerband. Stuttgart (Cotta) 1902–1912

Werke. Vollständige Ausgabe in 40 Teilen. Auf Grund der Hempelschen Ausgabe neu hg. von Karl Alt. 22 Bde. (incl. 2 Registerbände). Berlin (Bong) 1909–1926 (Goldene Klassiker-Bibliothek) [«Bongsche Ausgabe»]

Sämtliche Werke. Propyläen-Ausgabe. 45 Bde. und 4 Ergänzungsbände [Berichte und Briefe von Zeitgenossen sowie Bildnisse Goethes]. München, [ab Bd. 29:] Berlin (Propyläen-Verlag) 1909–1932

Werke. Festausgabe. Hg. von Robert Petsch. 18 Bde. Leipzig (Bibliographisches Institut) 1926–1927 (Meyers Klassiker-Ausgaben)

Werke. Welt-Goethe-Ausgabe. Hg. von Anton Kippenberg, Julius Petersen und Hans Wahl. Bd. 1, 5–7, 12, 13, 16, 22. Leipzig (Insel-Verlag) 1932–1940 [Geplant in 50 Bdn. Unvollständig]

Werke. Hamburger Ausgabe in 14 Bänden. Hg. von Erich Trunz. 14 Bde. und Registerband. Hamburg (Wegner) 1948–1964

Gedenkausgabe der Werke, Briefe und Gespräche. Hg. von Ernst Beutler. 24 Bde. und 2 Ergänzungsbände [Briefe aus dem Elternhaus; Tagebücher]. Zürich (Artemis) 1948–1964

Werke. Hg. von der Deutschen Akademie der Wissenschaften zu Berlin. Berlin (Akademie-Verlag) 1952 ff [Einzelbände ohne durchl. Zählung]

Gesamtausgabe der Werke und Schriften. Stuttgart (Cotta) 1960 ff

dtv-Gesamtausgabe. Hg. von Peter Boerner. 45 Bde. München (Deutscher Taschenbuch Verlag) 1961–1963

b) Teilausgaben

Der junge Goethe. Neue Ausgabe in sechs Bänden besorgt von Max Morris. Leipzig (Insel-Verlag) 1909–1912

Der junge Goethe. Neu bearb. Ausgabe in fünf Bänden. Hg. von Hanna Fischer-Lamberg. Berlin (de Gruyter) 1963 ff

Die Schriften zur Naturwissenschaft. Vollständige mit Erläuterungen versehene Ausgabe hg. im Auftrage der Deutschen Akademie der Naturforscher (Leopoldina) zu Halle von Rupprecht Matthaei, Günther Schmid, Wilhelm Troll und K. Lothar Wolf. Weimar (Böhlau) 1947 ff

Amtliche Schriften. Veröffentlichung des Staatsarchivs Weimar. Hg. von Willy Flach. Bd. 1. Weimar (Böhlau) 1950 [ca. 8 Bde. geplant]

Corpus der Goethezeichnungen. Bearbeiter der Ausg.: GERHARD FEMMEL, RUPPRECHT MATTHAEI u. a. Leipzig (Seemann) 1958 ff
Gedichte in zeitlicher Folge. Hg. von HANS GERHARD GRÄF. 2 Bde. Leipzig (Insel-Verlag) 1916
Gedichte. Mit Erl. von EMIL STAIGER. 3 Bde. Zürich (Manesse-Verlag) 1949 (Manesse-Bibliothek der Weltliteratur)

c) Briefausgaben

Einzige Gesamtausgabe der Briefe: Weimarer Ausgabe, Abt. IV.

Briefe. Ausgewählt und in chronologischer Folge mit Anm. hg. von EDUARD VON DER HELLEN. 6 Bde. Stuttgart (Cotta) 1901–1913
Goethe-Briefe. Mit Einl. und Erl. hg. von PHILIPP STEIN. 8 Bde. Berlin (Wertbuchhandel) 1902–1905
Briefe. Hamburger Ausgabe in 4 Bänden. Textkritisch durchgesehen und mit Anm. versehen von KARL ROBERT MANDELKOW. Hamburg (Wegner) 1962 ff

Goethe's Naturwissenschaftliche Correspondenz. (1812–1832.) Hg. von FRANZ THOMAS BRATRANEK. 2 Bde. Leipzig 1874
Zur Nachgeschichte der italienischen Reise. Goethes Briefwechsel mit Freunden und Kunstgenossen in Italien 1788–1790. Hg. von OTTO HARNACK. Weimar 1890 (Schriften der Goethe-Gesellschaft. 5)
Goethe und die Romantik. Briefe mit Erl. Hg. von CARL SCHÜDDEKOPF und OSKAR WALZEL. 2 Bde. Weimar 1898–1899 (Schriften der Goethe-Gesellschaft. 13. 14)
Goethe und Österreich. Briefe mit Erl. Hg. von AUGUST SAUER. 2 Bde. Weimar 1902–1904 (Schriften der Goethe-Gesellschaft. 17. 18)
Goethe und seine Freunde im Briefwechsel. Hg. und eingel. von RICHARD M. MEYER. 3 Bde. Berlin 1909–1911
Goethes Briefwechsel mit seiner Frau. Hg. von HANS GERHARD GRÄF. 2 Bde. Frankfurt a. M. 1916
Goethes Ehe in Briefen. Hg. von HANS GERHARD GRÄF. Potsdam 1937
Arnim, Bettina von: Goethes Briefwechsel mit einem Kinde. Hg. von JONAS FRÄNKEL. 3 Bde. (in 2). Jena 1906 – Hg. von WALDEMAR OEHLKE. 2 Bde. Berlin 1920 – Hg. von GUSTAV KONRAD. Frechen 1960
Bettinas Briefwechsel mit Goethe. Auf Grund ihres handschriftlichen Nachlasses nebst zeitgenössischen Dokumenten über ihr persönliches Verhältnis zu Goethe. Hg. von REINHOLD STEIG. Leipzig 1922 – Neubearb. u. d. T.: Bettinas Leben und Briefwechsel mit Goethe. Neu hg. von FRITZ BERGEMANN. Leipzig 1927
Briefwechsel des Herzogs-Großherzogs Carl August mit Goethe. Hg. von HANS WAHL. 3 Bde. Berlin 1915–1918
Goethes Briefwechsel mit Thomas Carlyle. Hg. von GEORG HECHT. Dachau 1913
Briefwechsel zwischen Goethe und Johann Wolfgang Döbereiner (1810–1830). Hg. und erl. von JULIUS SCHIFF. Weimar 1914
Goethes Briefe an Eichstädt. Mit Erl. hg. von WOLDEMAR FRHN. VON BIEDERMANN. Berlin 1872
Briefe von Goethe an Johanna Fahlmer. Hg. von LUDWIG URLICHS. Leipzig 1875
Briefwechsel zwischen Goethe und K. Göttling in den Jahren 1824–1831. Hg. und mit einem Vorwort begleitet von KUNO FISCHER. München 1880
Goethes Briefwechsel mit Joseph Sebastian Grüner und Joseph Stanislaus Zauper (1820–1832). Hg. von AUGUST SAUER. Prag 1917
Goethes Briefwechsel mit Wilhelm und Alexander von Humboldt. Hg. von LUDWIG GEIGER. Berlin 1909

Briefwechsel zwischen Goethe und Friedrich Heinrich Jacobi. Hg. von MAX JACOBI. Leipzig 1846

Goethe, Kestner und Lotte. Hg. und eingel. von EDUARD BEREND. München 1914

Briefwechsel zwischen Goethe und Knebel (1774–1832). Hg. von GOTTSCHALK EDUARD GUHRAUER. 2 Bde. Leipzig 1851

Briefe Goethe's an Sophie La Roche und Bettina Brentano. Hg. von GUSTAV VON LOEPER. Berlin 1879

Goethe und Lavater. Briefe und Tagebücher. Hg. von HEINRICH FUNCK. Weimar 1901 (Schriften der Goethe-Gesellschaft. 16)

Goethes Briefwechsel mit Heinrich Meyer. Hg. von MAX HECKER. 4 Bde. Weimar 1917–1932 (Schriften der Goethe-Gesellschaft. 32. 34. 35, I. 35, II)

Goethes Bremer Freund Dr. Nicolaus Meyer. Briefwechsel mit Goethe und dem Weimarer Kreise. Hg. von HANS KASTEN. Bremen 1926

Goethe und Gräfin O'Donell. Hg. von RICHARD MARIA WERNER. Berlin 1884

Goethe und Reinhard. Briefwechsel in den Jahren 1807–1832. Hg. von OTTO HEUSCHELE. Wiesbaden 1957

Goethes Briefwechsel mit Friedrich Rochlitz. Hg. von WOLDEMAR FRHN. VON BIEDERMANN. Leipzig 1887

Philipp Otto Runges Briefwechsel mit Goethe. Hg. von HELLMUTH FRHN. VON MALTZAHN. Weimar 1940 (Schriften der Goethe-Gesellschaft. 51)

Goethes Briefwechsel mit Georg und Caroline Sartorius (von 1801–1825). Hg. und bearb. von ELSE VON MONROY. Weimar 1931

Briefwechsel zwischen Schiller und Goethe. Mit Einl. von FRANZ MUNCKER 4 Bde. Stuttgart 1892 (Bibliothek der Weltliteratur)

Der Briefwechsel zwischen Schiller und Goethe. Hg. von HANS GERHARD GRÄF und ALBERT LEITZMANN. 3 Bde. Leipzig 1912 – Neuaufl. 1955

August Wilhelm und Friedrich Schlegel im Briefwechsel mit Schiller und Goethe. Hg. von JOSEF KÖRNER und ERNST WIENEKE. Leipzig 1926

Briefwechsel zwischen Goethe und Staatsrath Schultz. Hg. und eingel. von HEINRICH DÜNTZER. Leipzig 1853

Goethes Briefe an Soret. Hg. von HERMANN UHDE. Stuttgart 1877

Goethes Briefe an Charlotte von Stein. Hg. von JULIUS PETERSEN. 3 Bde. Leipzig 1907 – Neue, vollst. Ausg. 2 Bde. (in 4). 1923

Goethes Briefe an Frau von Stein. Hg. von JONAS FRÄNKEL. 3 Bde. Jena 1908 – Umgearb. Neuausg. Berlin 1960–1962

Briefwechsel zwischen Johann Wolfgang von Goethe und Kaspar Graf von Sternberg. (1820–1832.) Hg. von AUGUST SAUER. Prag 1902

Goethes Briefe an Auguste zu Stolberg. Hg. von MAX HECKER. Leipzig 1912 (Insel-Bücherei. 10) – Neuaufl. Wiesbaden 1949

Goethes Briefwechsel mit Christian Gottlob Voigt. Unter Mitw. von WOLFGANG HUSCHKE bearb. und hg. von HANS TÜMMLER. 4 Bde. Weimar 1949–1962 (Schriften der Goethe-Gesellschaft. 53–56)

Goethes Briefwechsel mit Marianne von Willemer. Hg. von PHILIPP STEIN. Leipzig 1908 – 2. Aufl. Hg. von MAX HECKER. 1915

Goethes Briefe an Friedrich August Wolf. Hg. von MICHAEL BERNAYS. Berlin 1868

Briefwechsel zwischen Goethe und Zelter in den Jahren 1799 bis 1832. Mit Einl. und Erl. von LUDWIG GEIGER. 3 Bde. Leipzig 1902–1904 (Reclams Universal-Bibliothek)

Der Briefwechsel zwischen Goethe und Zelter. Hg. von MAX HECKER. 3 Bde. Leipzig 1913–1918

Goethe und Sylvie. Briefe, Gedichte, Zeugnisse. Gesammelt und hg. von PAUL RAABE. Stuttgart 1961

d) Gespräche

Goethes Gespräche. Hg.: WOLDEMAR FRH. VON BIEDERMANN. 10 Bde. Leipzig 1889–1896 – 2. Aufl. Neu hg. von FLODOARD FRHN. VON BIEDERMANN. 5 Bde. 1909–1911

ECKERMANN, JOHANN PETER: Gespräche mit Goethe in den letzten Jahren seines Lebens. 1823–1832. Kommentierte Ausg. Hg. von EDUARD CASTLE. 3 Bde. Berlin 1916 – Neu hg. von HEINRICH HUBERT HOUBEN. Leipzig 1925 – 25. Aufl. Wiesbaden 1959 – Neu hg. von FRITZ BERGEMANN. Wiesbaden 1955

KANZLER VON MÜLLER: Unterhaltungen mit Goethe. Krit. Ausg. besorgt von ERNST GRUMACH. Weimar 1956 – Kleine Ausg. 1959

3. Periodische Organe der Goethe-Forschung

Goethe-Jahrbuch. Bd. 1–34 und 3 Registerbde. Frankfurt a. M. 1880–1913

Jahrbuch der Goethe-Gesellschaft. Bd. 1–21 u. Registerbd. Weimar 1914–1936

Goethe. Vierteljahresschrift (Bd. 3 ff Viermonatsschrift) der Goethe-Gesellschaft. Neue Folge des Jahrbuchs. (Bd. 10 ff: Goethe. Neue Folge des Jahrbuchs der Goethe-Gesellschaft.) Bd. 1 ff. Weimar 1936–lfd.

Chronik des Wiener Goethe-Vereins. Bd. 1–63. Wien 1887–1959

Jahrbuch des Wiener Goethe-Vereins. Neue Folge der Chronik. Bd. 64 ff. Wien 1960–lfd.

Publications of the English Goethe Society. Nr. 1–14. London 1886–1912

Publications of the English Goethe Society. New series. Vol. 1 ff. London, [ab vol. 9:] Cambridge, [ab vol. 16:] Cardiff 1924–lfd.

Goethe-Handbuch. Die Goethe-Gesellschaft in Japan. Bd. 1–9. Tokyo 1932 –1940 – [Neue Folge.] Bd. 1 ff. Tokyo 1950–lfd.

Goethe-Jahrbuch. Anuario Goethe. Jg. 1–7. Buenos Aires 1949–1955

Jahrbuch der Goethe-Gesellschaft (im Kansai-Geb.). Bd. 1–5. Osaka 1955–1959

4. Nachschlagewerke

Goethe-Handbuch. In Verbindung mit . . . hg. von JULIUS ZEITLER. 3 Bde. Stuttgart 1916–1918. V, 726; 656; 660 S.

Goethe-Handbuch. Goethe, seine Welt und Zeit in Werk und Wirkung. 2. vollkommen neugestaltete Aufl. Unter Mitwirkung zahlr. Fachgelehrter hg. von ALFRED ZASTRAU. Stuttgart 1955 ff [Erscheint in Lieferungen]

Goethe-Lexikon. Hg. von HEINRICH SCHMIDT. Leipzig 1912. 274 S. – Neubearb. u. d. T.: Goethe-Taschenlexikon. Begr. von HEINRICH SCHMIDT. Neu bearb. von KARL JUSTUS OBENAUER. Stuttgart 1955. XII, 412 S. (Kröners Taschenausgabe. 227)

FISCHER, PAUL: Goethe-Wortschatz. Ein sprachgeschichtliches Wörterbuch zu Goethes sämtlichen Werken. Leipzig 1929. XI, 905 S.

GRÄF, HANS GERHARD: Goethe über seine Dichtungen. Versuch einer Sammlung aller Äußerungen des Dichters über seine poetischen Werke. 9 Bde. Frankfurt a. M. 1901–1914

MOMMSEN, MOMME: Die Entstehung von Goethes Werken in Dokumenten. Unter Mitwirkung von KATHARINA MOMMSEN. Hg. vom Institut für deutsche Sprache und Literatur der Deutschen Akademie der Wissenschaften zu Berlin. Berlin 1958 ff

GRUMACH, ERNST: Goethe und die Antike. Eine Sammlung. 2 Bde. Berlin 1949. XVI, 1092 S.

GÖTTING, FRANZ: Chronik von Goethes Leben. Wiesbaden 1949. 196 S.

NICOLAI, HEINZ: Zeittafel zu Goethes Leben und Werk. Frankfurt a. M. 1964. 184 S. (Fischer Bücherei. 617)

Die Briefe der Frau Rat Goethe. Gesammelt und hg. von ALBERT KÖSTER. 2 Bde. Leipzig 1904. XIX, 290; 282 S.

Frau Rat Goethe: Gesammelte Briefe. Anhang: Goethes Briefe an seine Mutter. Hg. von LUDWIG GEIGER. Leipzig 1911. XXXV, 587 S.

Aus Ottilie von Goethes Nachlaß. Briefe und Tagebücher von ihr und an sie. Hg. von WOLFGANG OETTINGEN. 2 Bde. Weimar 1912–1913. XVI, 418; XXIV, 428 S. (Schriften der Goethe-Gesellschaft. 27. 28)

Tagebücher und Briefe von und an Ottilie von Goethe. Hg. und eingel. von HEINZ BLUHM. Wien 1962 ff

Goethe in vertraulichen Briefen seiner Zeitgenossen. Auch eine Lebensgeschichte. Zusammengestellt von WILHELM BODE. 3 Bde. Berlin 1917–1923

ABEKEN, BERNHARD RUDOLF: Goethe in meinem Leben. Erinnerungen und Betrachtungen. Hg. von ADOLF HEUERMANN. Weimar 1904. VIII, 278 S.

Goethes Schauspieler und Musiker. Erinnerungen von Eberwein und Lobe. Mit Ergänzungen von WILHELM BODE. Berlin 1912. X, 231 S.

FALK, JOHANNES: Goethe aus näherem persönlichem Umgange dargestellt. Ein nachgelassenes Werk. Berlin 1911. XVI, 318 S. (Goethe-Bibliothek)

RIEMER, FRIEDRICH WILHELM: Mitteilungen über Goethe. Auf Grund der Ausgabe von 1841 und des handschriftlichen Nachlasses hg. von ARTHUR POLLMER. Leipzig 1921. 429 S. mit Abb.

SORET, FRÉDÉRIC: Zehn Jahre bei Goethe. Erinnerungen an Weimars klassische Zeit 1822–1832. Zusammengestellt, übers. und erl. von HEINRICH HUBERT HOUBEN. Leipzig 1929. 799 S. mit Abb.

VOGEL, CARL: Goethe in amtlichen Verhältnissen. Jena 1834. VIII, 423 S.

Carl Friedrich Zelters Darstellungen seines Lebens. Hg. von JOHANN-WOLFGANG SCHOTTLÄNDER. Weimar 1931. XXVII, 403 S. (Schriften der Goethe-Gesellschaft. 44)

Goethes äußere Erscheinung. Literarische und künstlerische Dokumente seiner Zeitgenossen. Hg. von EMIL SCHAEFFER. Leipzig 1914. 86 S., 80 Taf.

Goethes Tod. Dokumente und Berichte der Zeitgenossen. Hg. von CARL SCHÜDDEKOPF. Leipzig 1907. 184 S.

ROLLETT, HERMANN: Die Goethe-Bildnisse. Biographisch-kunstgeschichtlich dargestellt. Wien 1883. XII, 311 S. mit 88 Abb.

NEUBERT, FRANZ: Goethe und sein Kreis. Erl. und dargestellt in 651 Abb. Mit einer Einf. in das Verständnis von Goethes Persönlichkeit. Leipzig 1919. XXX, 220 S. mit Abb.

Goethe im Bildnis. Hg. und eingel. von HANS WAHL. Leipzig 1930. 71 S., 102 Taf.

Goethe. Ein Bilderbuch. Sein Leben und Schaffen in 444 Bildern erl. von RUDOLF PAYER-THURN. Leipzig 1931. 192 Taf., 24 S.

Goethe und seine Welt. Unter Mitw. von ERNST BEUTLER hg. von HANS WAHL und ANTON KIPPENBERG. Leipzig 1932. 306 S. mit 580 Abb.

Bilder aus dem Frankfurter Goethemuseum. Hg. von ERNST BEUTLER und JOSEFINE RUMPF. Frankfurt a. M. 1949. LXIV, 151 S., 101 Taf.

GOLDSCHMIT-JENTNER, RUDOLF K.: Goethe. Eine Bildbiographie. München 1957. 151 S. mit 124 Abb. (Kindlers klassische Bildbiographien)

6. Gesamtdarstellungen

ROSENKRANZ, KARL: Göthe und seine Werke. Königsberg 1847. XXIV, 512 S.

VIEHOFF, HEINRICH: Goethe's Leben. 4 Bde. Stuttgart 1847–1854 – 5. Aufl. m. d. Untertitel: Geistesentwicklung und Werke. 1887

SCHAEFER, JOHANN WILHELM: Goethe's Leben. 2 Bde. Bremen 1851. VIII, 387; 344 S. – 3. Aufl. Leipzig 1877. VII, 439; 417 S.

LEWES, GEORGE HENRY: The life and works of Goethe. 2 Bde. London 1855. XX, 422; XII, 364 S. – Letzte Ausg. 1908. XXXII, 593 S. (Everyman's library) – Dt.: Goethe's Leben und Werke. 2 Bde. Berlin 1857. XII, 357; XVI, 384 S. – 18. Aufl. durchgesehen von LUDWIG GEIGER. 2 Bde. Stuttgart 1903. XXXII, 288; XII, 380 S.

GOEDEKE, KARL: Goethes Leben und Schriften. Stuttgart 1874. VI, 554 S. – 2. Aufl. 1877

GRIMM, HERMAN: Goethe. Vorlesungen gehalten an der Kgl. Universität zu Berlin. 2 Bde. Berlin 1877. 314; 303 S. – 12. Aufl. Stuttgart 1923. IV, 350; 344 S. – Gekürzte und umgearb. Neuausg.: Das Leben Goethes. Neu bearb. und eingel. von REINHARD BUCHWALD. Stuttgart 1939. XL, 512 S. (Kröners Taschenausgabe. 162) – 6. Aufl. 1949. XXXIX, 527 S. – Vollst. Neuausg.: Goethe. Hg. von WILHELM HANSEN. Detmold-Hiddesen 1948. 568 S.

DÜNTZER, HEINRICH: Goethes Leben. Leipzig 1880. XII, 657 S. – 2. Aufl. 1883. XII, 707 S.

BAUMGARTNER, ALEXANDER: Göthe. Sein Leben und seine Werke. 2. Aufl. 3 Bde. Freiburg i. B. 1885–1886 – 4. Aufl. neubearb. von ALOIS STOCKMANN. 2 Bde. 1923–1925. XXVI, 569, 24; XX, 742, 32 S.

PREM, SIMON M.: Goethe. Leipzig 1893. IV, 473 S. – 3. Aufl. 1900. 547 S. mit 116 Abb.

HEINEMANN, KARL: Goethe. 2 Bde. Leipzig 1895. XII, 480; VII, 448 S. – 5. Aufl. 2 Bde. Stuttgart 1922. IV, 314; 379 S.

MEYER, RICHARD MORITZ: Goethe. 3 Bde. Berlin 1895. XXXI, 628 S. (Geisteshelden. 13–15) – 3. Aufl. 2 Bde. 1905. XIX, XX, 911 S.

BIELSCHOWSKY, ALBERT: Goethe. Sein Leben und seine Werke. 2 Bde. München 1896–1904. IX, 520; V, 737 S. – 42. Aufl. 1922 – Neubearb. von WALTHER LINDEN. 2 Bde. 1928. XI, 477; 647 S.

WITKOWSKI, GEORG: Goethe. Leipzig 1899. 270 S. mit 153 Abb. (Dichter und Darsteller. 1) – 3. Aufl. 1923. 491 S. – Neubearb. u. d. T.: Das Leben Goethes. Berlin 1932. 499 S.

GEIGER, LUDWIG: Goethes Leben und Werke. Leipzig 1901. 200 S. – Erw. Ausg. u. d. T.: Goethe. Sein Leben und Schaffen. Berlin 1910. 493 S.

ENGEL, EDUARD: Goethe. Der Mann und das Werk. Berlin 1909. 641 S. – Neubearb. Ausg. 2 Bde. Braunschweig 1923. VII, 956 S.

CHAMBERLAIN, HOUSTON STEWART: Goethe. München 1912. VII, 851 S. – 9. Aufl. 1938. XIII, 800 S.

SIMMEL, GEORG: Goethe. Leipzig 1913. VIII, 264 S. – 5. Aufl. 1923

BRANDES, GEORG: Wolfgang Goethe. 2 Bde. København 1915. 379; 333, XXIII S. – Dt.: Goethe. Berlin 1922. VIII, 606 S. – 7.–16. Tsd. 1930. 780 S.

GUNDOLF, FRIEDRICH: Goethe. Berlin 1916. VIII, 795 S. – 46.–50. Tsd. 1930

BODE, WILHELM: Goethes Leben. (Bd. 8 f fortgeführt von VALERIAN TORNIUS.) 9 Bde. Berlin 1920–1927

CARRÉ, JEAN-MARIE: La vie de Goethe. Paris 1927. 290 S. (Vies des hommes illustres. 13) – 28. éd. 1930

ROBERTSON, JOHN GEORGE: Goethe. London 1927. VIII, 264 S. – Neubearb. u. d. T.: The life and work of Goethe. 1749–1832. 1932. XII, 350 S.

BARTHEL, ERNST: Goethe, das Sinnbild deutscher Kultur. Darmstadt 1930. VII, 348 S. – 4. Aufl. Baden-Baden 1948. 374 S.

KÜHNEMANN, EUGEN: Goethe. 2 Bde. Leipzig 1930. 523; 595 S.

MUCKERMANN, FRIEDRICH: Goethe. Bonn 1931. 261 S. – Neuausg. Luzern 1949. 352 S.

WITKOP, PHILIPP: Goethe. Leben und Werk. Stuttgart 1931. IX, 496 S.

JALOUX, EDMOND: Vie de Gœthe. Paris 1933. 272 S. – Nouv. éd. 1949. 317 S.
GRØNBECH, VILHELM: Goethe. 2 Bde. København 1935–1939. 174; 258 S. – Dt.: Goethe. Stuttgart 1949. 576 S.
BÖHM, HANS: Goethe. Grundzüge seines Lebens und Werkes. Berlin 1938. 168 S. – 4. Aufl. 1950. X, 280 S.
LICHTENBERGER, HENRI: Gœthe. 2 Bde. Paris 1937–1939. XI, 347; 269 S. (Les grands écrivains étrangers)
LICHTENBERGER, HENRI: Gœthe. Paris 1939. 250 S. – Dt.: Goethe. Freudenstadt 1949. 232 S.
HILDEBRANDT, KURT: Goethe. Seine Weltweisheit im Gesamtwerk. Leipzig 1941. 589 S.
HOHENSTEIN, LILY: Goethe. Wuchs und Schöpfung. Berlin 1942. 455 S.
CHARPENTIER, JOHN: Gœthe. Paris 1943. 317 S. (Grandes figures)
LOISEAU, HIPPOLYTE: Goethe. L'homme, l'écrivain, le penseur. Paris 1943. 445 S. (Collection L'histoire littéraire)
FUCHS, ALBERT: Goethe. Un homme face à la vie. Essai de biographie intérieure. Partie 1. Paris 1946. 559 S.
FAIRLEY, BARKER: A study of Goethe. Oxford 1947. VIII, 280 S. – Dt.: Goethe. München 1953. 302 S.
MÜLLER, GÜNTHER: Kleine Goethebiographie. Bonn 1947. 304 S. – 3. Aufl. 1955. 286 S.
BUCHWALD, REINHARD: Goethe und das deutsche Schicksal. Grundlinien einer Lebensgeschichte. München 1948. 347 S.
ALTENBERG, PAUL: Goethe. Versuch einer morphologischen Darstellung. Berlin 1949. 360 S.
ANGELLOZ, JOSEPH-FRANÇOIS: Gœthe. Paris 1949. 384 S.
BRION, MARCEL: Gœthe. Paris 1949. 490 S.
ROOS, CARL: Wolfgang Goethe. København 1949. 260 S.
SPOHR, WILHELM: Goethe. Sein Leben und Wirken. Berlin 1949. 698 S.
TORNIUS, VALERIAN: Goethe. Leben, Wirken und Schaffen. Bonn 1949. 528 S.
VIËTOR, KARL: Goethe. Dichtung, Wissenschaft, Weltbild. Bern 1949. 600 S.
BIANCOTTI, ANGELO: Goethe. Torino 1951. 378 S.
MEYER, HEINRICH: Goethe. Das Leben im Werk. Hamburg-Bergedorf 1951. 707 S.
STAIGER, EMIL: Goethe. 3 Bde. Zürich 1952–1959
FRIEDENTHAL, RICHARD: Goethe. Sein Leben und seine Zeit. München 1963. 771 S.

7. Untersuchungen

a) Aufsatzsammlungen

DÜNTZER, HEINRICH: Zu Goethe's Jubelfeier. Studien zu Goethe's Werken. Elberfeld 1849. LXXVIII, 389 S.
DÜNTZER, HEINRICH: Neue Goethestudien. Nürnberg 1861. XI, 359 S.
BIEDERMANN, WOLDEMAR FHR. VON: Goethe-Forschungen. 3 Bde. Frankfurt a. M. 1879–1899
MINOR, JACOB, und AUGUST SAUER: Studien zur Goethe-Philologie. Wien 1880. XI, 292 S.
SCHÖLL, ADOLF: Goethe in Hauptzügen seines Lebens und Wirkens. Gesammelte Abhandlungen. Berlin 1882. V, 572 S.
DÜNTZER, HEINRICH: Abhandlungen zu Goethes Leben und Werken. 2 Bde. Leipzig 1885. XVI, 319; 412 S.
SCHERER, WILHELM: Aufsätze über Goethe. Berlin 1886. VII, 355 S. – 2. Aufl. 1900. VIII, 353 S.

HEHN, VIKTOR: Gedanken über Goethe. Berlin 1887. 327 S. – 9. Aufl. 1909. III, 447 S.

FISCHER, KUNO: Goethe-Schriften. 1.–3. Reihe. 9 Bde. Heidelberg 1888–1904

DÜNTZER, HEINRICH: Zur Goetheforschung. Neue Beiträge. Stuttgart 1891. VII, 436 S.

WEISS, JEAN JACQUES: Sur Goethe. Études critiques de littérature allemande. Paris 1892. 355 S.

ZARNCKE, FRIEDRICH: Goetheschriften. Leipzig 1897. XII, 441 S. (Zarncke, Kleine Schriften. Bd. 1)

MORRIS, MAX: Goethe-Studien. 2 Bde. Berlin 1897–1898. 171; 236 S. – 2. Aufl. 1902. VII, 340; III, 298 S.

Straßburger Goethevorträge. Straßburg 1899. V, 197 S.

GAEDERTZ, KARL THEODOR: Bei Goethe zu Gast. Neues von Goethe, aus seinem Freundes- und Gesellschaftskreise. Leipzig 1900. XIV, 372 S.

LUTHER, ARTHUR: Goethe. Sechs Vorträge. Jauer 1905. VIII, 208 S.

STAPFER, PAUL: Études sur Goethe. Paris 1906. V, 293 S.

BARTSCHERER, AGNES: Zur Kenntnis des jungen Goethe. Drei Abhandlungen. Dortmund 1912. VIII, 192 S.

GRÄF, HANS GERHARD: Goethe. Skizzen zu des Dichters Leben und Werken. Leipzig 1924. XII, 488 S.

KORFF, HERMANN AUGUST: Die Lebensidee Goethes. Leipzig 1925. VII, 170 S.

BURDACH, KONRAD: Vorspiel. Gesammelte Schriften zur Geschichte des deutschen Geistes. Bd. 2: Goethe und sein Zeitalter. Halle 1926. XII, 585 S. (Deutsche Vierteljahrsschrift. Buchreihe. 3)

CASTLE, EDUARD: In Goethes Geist. Vorträge und Aufsätze. Wien 1926. XVI, 415 S.

CASSIRER, ERNST: Goethe und die geschichtliche Welt. Drei Aufsätze. Berlin 1932. 148 S.

ROETHE, GUSTAV: Goethe. Gesammelte Vorträge und Aufsätze. Berlin 1932. XV, 162 S.

Goethe. Études publiées pour le centenaire de sa mort. Paris 1932. XV, 474 S. (Publications de la Faculté des Lettres de l'Université de Strasbourg. 57)

Goethe centenary papers. Ed. by MARTIN SCHÜTZE. Chicago 1933. VI, 174 S.

SOMMERFELD, MARTIN: Goethe in Umwelt und Folgezeit. Gesammelte Studien. Leiden 1935. 283 S.

BEUTLER, ERNST: Essays um Goethe. Leipzig 1941. XII, 452 S. – 2 Bde. (Bd. 1 in 4. Aufl.) Wiesbaden 1947–1948. XII, 523; XIX, 372 S. (Sammlung Dieterich. 101. 102) – 6. Aufl. Bremen 1962. VI, 802 S.

SPRANGER, EDUARD: Goethes Weltanschauung. Reden und Aufsätze. Leipzig 1943. 256 S. – Neudruck. Wiesbaden 1946

CROCE, BENEDETTO: Goethe. 4. ed. 2 Bde. Bari 1946. XI, 315; 296 S. (Croce, Scritti di storia letteraria e politica. XII, 1. 2) – Dt.: Goethe. Studien zu seinem Werk. Düsseldorf 1949. 356 S.

LUKÁCS, GEORG: Goethe und seine Zeit. Bern 1947. IV, 207 S. – Neuausg. Berlin 1950. 364 S.

HÄNSEL, LUDWIG: Goethe. Chaos und Kosmos. Vier Versuche. Wien 1949. 232 S.

MAYER, HANS: Unendliche Kette. Goethestudien. Dresden 1949. 98 S.

STÖCKLEIN, PAUL: Wege zum späten Goethe. Dichtung, Gedanke, Zeichnung. Interpretationen. Hamburg 1949. 254 S. – 2. neubearb. und erw. Aufl. 1960. 400 S. mit Abb.

Spiegelungen Goethes in unserer Zeit. Goethe-Studien. Hg. von HANS MAYER. Wiesbaden 1949. 336 S.

Essays on Goethe. Ed. by WILLIAM ROSE. London 1949. X, 254 S.

Dem Tüchtigen ist diese Welt nicht stumm. Beiträge zum Goethe-Bild. Jena 1949. 200 S.

1749–1949. Das Goethe-Jahr. The Goethe Year. Part. 1–12. London 1949

Goethe and the modern age. Ed. by ARNOLD BERGSTRÄSSER. Chicago 1950. XII, 402 S.

Goethe on human creativeness, and other Goethe essays. Ed. by ROLF KING. Athens (Georgia) 1950. XXVII, 252 S.

Goethe bicentennial studies. Ed. by HUBERT JOSEPH MEESSEN. Bloomington (Indiana) 1950. IX, 325 S.

Zu neuen Ufern. Essays über Goethe. Berlin 1950. 255 S.

BIANQUIS, GENEVIÈVE: Études sur Goethe. Paris 1951. 169 S. (Publications de l'Université de Dijon. 8)

Goethe after two centuries. Ed. by CARL HAMMER jr. Baton Rouge 1952. XII, 118 S.

HOHLFELD, ALEXANDER RUDOLPH: Fifty years with Goethe 1901–1951. Collected studies. Madison (Wisconsin) 1953. XIII, 400 S.

STORZ, GERHARD: Goethe-Vigilien oder Versuche in der Kunst, Dichtung zu verstehen. Stuttgart 1953. 208 S.

WAHL, HANS: Alles um Goethe. Kleine Aufsätze und Reden. Hg. von DORA WAHL. Weimar 1956. 193 S. (Kiepenheuer-Bücherei. 1)

JOCKERS, ERNST: Mit Goethe. Gesammelte Aufsätze. Heidelberg 1957. 206 S.

Goethe et l'esprit français. Actes du colloque international de Strasbourg. Paris 1958. XVII, 346 S. (Publications de la Faculté des Lettres de l'Université de Strasbourg. 137)

Beiträge zur Goetheforschung. Hg. von ERNST GRUMACH. Berlin 1959. VIII, 288 S., 12 Taf.

MÜLLER, JOACHIM: Der Augenblick ist Ewigkeit. Goethestudien. Leipzig 1960. 255 S.

Kolloquium über Probleme der Goetheforschung. 31. Oktober bis 4. November 1960 in Weimar. Vorträge und Diskussionen. Weimar 1960 (Weimarer Beiträge. Sonderheft 1960. S. 917–1292)

GAUSS, JULIA: Goethe-Studien. Göttingen 1961. 102 S.

KAYSER, WOLFGANG: Kunst und Spiel. Fünf Goethe-Studien. Göttingen 1961. 100 S. (Kleine Vandenhoeck Reihe. 128/129)

BUCHWALD, REINHARD: Das Vermächtnis der deutschen Klassiker. Neue, verm. Ausg. Frankfurt a. M. 1962. 313 S.

PYRITZ, HANS: Goethe-Studien. Hg. von ILSE PYRITZ. Weimar 1962. XII, 224 S.

WILKINSON, ELIZABETH M., und LEONHARD ASHLEY WILLOUGHBY: Goethe. Poet and thinker. Essays. London 1962. 248 S.

SCHADEWALDT, W.: Goethestudien. Natur und Altertum. Zürich 1963. 531 S.

b) Biographie

RÖSCH, SIEGFRIED: Goethes Verwandtschaft. Versuch einer Gesamtverwandtschaftstafel mit Gedanken zu deren Theorie. Neustadt a. d. Aisch 1954. LXIII, 320 S. (Bibliothek familiengeschichtlicher Arbeiten. 16)

GLASER, RUDOLF: Goethes Vater. Sein Leben nach Tagebüchern und Zeitberichten. Leipzig 1929. XI, 321 S.

HEINEMANN, KARL: Goethes Mutter. Ein Lebensbild nach den Quellen. Leipzig 1891. XII, 358 S.

PRANG, HELMUT: Goethes Mutter. Kleine Chronik einer großen Lebenskünstlerin. München 1949. 288 S.

WITKOWSKI, GEORG: Cornelia, die Schwester Goethes. Frankfurt a. M. 1903. VI, 290 S.

VIËTOR, KARL: Der junge Goethe. Leipzig 1930. 165 S. – Neuausg. Bern 1950. 190 S. (Sammlung Dalp. 75)

IBEL, RUDOLF: Der junge Goethe. Leben und Dichtung. 1765–1775. Bremen 1949. 184 S.

BOTHE, FRIEDRICH: Goethe und seine Vaterstadt Frankfurt. Frankfurt a. M. 1948. 483 S.

Goethe als Student. I. Goethes Leipziger Studentenjahre. Von JULIUS VOGEL. II. Goethe, der Straßburger Student. Von ERNST TRAUMANN. Leipzig 1923. 141, 369 S. mit Abb. [Auch getrennte Ausgaben]

PANGE, JEAN DE: Goethe en Alsace. Paris 1925. 213 S. – Dt.: Goethe im Elsaß. Baden-Baden 1950. 217 S., 26 Taf.

GLOËL, HEINRICH: Goethes Wetzlarer Zeit. Berlin 1911. XIX, 259 S.

HOHENSTEIN, FRIEDRICH AUGUST: Weimar und Goethe. Ereignisse und Erlebnisse. Berlin 1931. 444 S. – Neuausg. m. d. Untertitel: Menschen und Schicksale. Bearb. von WOLFGANG VULPIUS. Rudolstadt 1958. 472 S.

BODE, WILHELM: Goethes Leben im Garten am Stern. Berlin 1909. XVIII, 394 S. mit Abb.

VULPIUS, WOLFGANG: Goethe in Thüringen. Stätten seines Lebens und Wirkens. Rudolstadt 1955. 251 S. – 2. verb. und erw. Aufl. 1962. 254 S.

LANGLOTZ, KURT: Goethes Wirken in Westthüringen. Beitrag zu einem Bild des Menschen Goethe. Düsseldorf 1958. 117 S.

VOIGT, JULIUS: Goethe und Ilmenau. Leipzig 1912. XVI, 392 S.

BIEDERMANN, WOLDEMAR FRH. VON: Goethe und Leipzig. 2 Tle. Leipzig 1865. XIII, 306; 353 S.

BIEDERMANN, WOLDEMAR FRH. VON: Goethe und Dresden. Berlin 1875. VII, 172 S.

Goethe und Heidelberg. Heidelberg 1949. 387 S.

Goethe und das Rheinland. Düsseldorf 1932. IV, 269 S. (Zeitschrift des Rheinischen Vereins für Denkmalspflege und Heimatschutz. 25, 1/2)

ARNHOLD, ERNA: Goethes Berliner Beziehungen. Gotha 1925. 456 S.

Goethe in Berlin. Hg. von FRITZ MOSER. Berlin 1949. 160 S. mit 29 Abb.

GERLACH, PAUL: Goethe und Danzig. Danzig 1935. 165 S.

URZIDIL, JOHANNES: Goethe in Böhmen. Wien 1932. 273 S. – Neuaufl. Zürich 1962. 533 S.

PUCHTINGER, KARL: Goethe in Karlsbad. Karlsbad 1922. 192 S.

Aus Goethes Marienbader Tagen. Zwanzig Beiträge. Leipzig 1932. IX, 141 S.

KARPELES, GUSTAV: Goethe in Polen. Ein Beitrag zur allgemeinen Litteraturgeschichte. Berlin 1890. X, 220 S.

PETERSEN, OTTO VON: Goethe und der baltische Osten. Reval 1930. 247 S. (Baltisches Geistesleben)

HEIN, NIKOLAUS HEINRICH: 1792. Goethe in Luxemburg. Luxemburg 1925. 108 S. – 3. vollst. umgearb. und erw. Aufl. 1961. XI, 217 S.

BODE, WILHELM: Goethes Schweizer Reisen. Leipzig 1922. VIII, 288 S.

BOHNENBLUST, GOTTFRIED: Goethe und die Schweiz. Frauenfeld 1932. 264 S. (Die Schweiz im deutschen Geistesleben. 72/73)

ZOLLINGER, FRIEDRICH: Goethe in Zürich. Zürich 1932. 112 S. mit 60 Taf.

ENZINGER, MORIZ: Goethe und Tirol. Innsbruck 1932. VII, 168 S.

HAARHAUS, JULIUS: Auf Goethes Spuren in Italien. 3 Bde. Leipzig 1896–1897

VOGEL, JULIUS: Goethe in Venedig. Leipzig 1918. XII, 172 S., 16 Taf.

VOGEL, JULIUS: Aus Goethes Römischen Tagen. Kultur- und kunstgeschichtliche Studien zur Lebensgeschichte des Dichters. Leipzig 1905. IX, 330 S., 13 Taf.

NOHL, JOHANNES: Goethe als Maler Möller in Rom. Weimar 1955. 246 S.

GEIGER, LUDWIG: Goethe und die Seinen. Quellenmäßige Darstellungen über Goethes Haus. Leipzig 1908. 388 S.

HOFER, KLARA: Goethes Ehe. Stuttgart 1920. VII, 411 S.

VULPIUS, WOLFGANG: Christiane. Lebenskunst und Menschlichkeit in Goethes Ehe. Weimar 1949. 150 S.

BODE, WILHELM: Goethes Sohn. Berlin 1918. XII, 409 S.

DÜNTZER, HEINRICH: Freundesbilder aus Goethe's Leben. Studien zum Leben des Dichters. Leipzig 1853. XV, 623 S.

DÜNTZER, HEINRICH: Aus Goethe's Freundeskreise. Darstellungen aus dem Leben des Dichters. Braunschweig 1868. XIV, 552 S.

MARTIN, BERNHARD: Schiller und Goethe. Ihre geistige Begegnung. Kassel 1949. 129 S.

SCURLA, HERBERT: Bund des Ernstes und der Liebe. Die Freundschaft zwischen Schiller und Goethe im Spiegel ihres Briefwechsels. Berlin 1955. 664 S.

DÜNTZER, HEINRICH: Goethe und Karl August. Studien zu Goethes Leben. 2 Bde. Leipzig 1861. VIII, 347; VII, 526 S.

ANDREAS, WILLY: Carl August von Weimar. Ein Leben mit Goethe. 1757–1783. Stuttgart 1953. VI, 612 S.

HOUBEN, HEINRICH HUBERT: J. P. Eckermann. Sein Leben für Goethe. 2 Bde. Leipzig 1925–1928. XXI, 635; XXII, 807 S.

LORAM, IAN C.: Goethe and his publishers. Lawrence 1963. 168 S.

LEWES, LOUIS: Goethes Frauengestalten. Stuttgart 1894. XII, 471 S.

DÜNTZER, HEINRICH: Frauenbilder aus Goethe's Jugendzeit. Studien zum Leben des Dichters. Stuttgart 1852. XVI, 592 S.

METZ, ADOLF: Friederike Brion. Eine neue Darstellung der «Geschichte in Sesenheim». München 1911. 237 S.

BODE, WILHELM: Die Schicksale der Friederike Brion vor und nach ihrem Tode. Berlin 1920. VIII, 208 S.

LEY, STEPHAN: Goethe und Friederike. Versuch einer kritischen Schlußbetrachtung. Bonn 1947. 126 S.

GLOËL, HEINRICH: Goethe und Lotte. Berlin 1922. XII, 189 S.

BODE, WILHELM: Charlotte von Stein. Berlin 1910. XXVI, 628 S.

NOBEL, ALPHONS: Frau von Stein, Goethes Freundin und Feindin. Frankfurt a. M. 1939. 243 S.

HOF, WALTER: Wo sich der Weg im Kreise schließt. Goethe und Charlotte von Stein. Stuttgart 1957. 347 S.

GERMAIN, ANDRÉ: Goethe et Bettina. Le vieillard et la jeune fille. Paris 1939. IV, 252 S.

Freundliches Begegnen. Goethe, Minchen Herzlieb und das Frommannsche Haus. Neu hg. von GÜNTHER H. WAHNES. Stuttgart 1927. VIII, 263 S.

PYRITZ, HANS: Goethe und Marianne von Willemer. Eine biographische Studie. Stuttgart 1941. VI, 132 S.

ZELLWEKER, EDWIN: Marianne Willemer. Wien 1949. 213 S. mit Abb.

BODE, WILHELM: Goethes Liebesleben. Berlin 1914. XIX, 453 S.

THEILHABER, FELIX AARON: Goethe. Sexus und Eros. Berlin 1929. 361 S.

BODE, WILHELM: Goethes Lebenskunst. Berlin 1900. VII, 229 S.

VEIL, WOLFGANG HEINRICH: Goethe als Patient. 2. Aufl. Jena 1946. 303 S.

REDSLOB, EDWIN: «Mein Fest». Goethes Geburtstage als Stufen seines Lebens. München 1956. 181 S.

WOLF, EUGEN: Über die Selbstbewahrung. Zur Frage der Distanz in Goethes Dasein. Stuttgart 1957. 194 S.

BRADISH, JOSEPH A. VON: Goethes Beamtenlaufbahn. New York 1937. 380 S.

WAHLE, JULIUS: Das Weimarer Hoftheater unter Goethes Leitung. Weimar 1892. XXXII, 335 S. (Schriften der Goethe-Gesellschaft. 6)

TORNIUS, VALERIAN: Goethe als Dramaturg. Ein Beitrag zur Literatur- und Theatergeschichte. Leipzig 1909. VII, 197 S.

FLEMMING, WILLI: Goethes Gestaltung des klassischen Theaters. Köln 1949. 227 S.

KNUDSEN, HANS: Goethes Welt des Theaters. Ein Vierteljahrhundert Weimarer Bühnenleitung. Berlin 1949. 126 S. mit Abb.

OREL, ALFRED: Goethe als Operndirektor. Bregenz 1949. 192 S.

SICHARDT, GISELA: Das Weimarer Liebhabertheater unter Goethes Leitung. Weimar 1957. 200 S., Abb. (Beiträge zur deutschen Klassik. Abhandlungen. 5)

WEITHASE, IRMGARD: Goethe als Sprecher und Sprecherzieher. Weimar 1949. 230 S.

SCHEIDIG, WALTER: Goethes Preisaufgaben für bildende Künstler 1799–1805. Weimar 1958. 535 S., 48 Taf. (Schriften der Goethe-Gesellschaft. 57)

BÖEHLICH, ERNST: Goethes Propyläen. Stuttgart 1915. VIII, 170 S. (Breslauer Beiträge zur Literaturgeschichte. NF. 44)

HAGEN, ERICH VON DEM: Goethe als Herausgeber von «Kunst und Alterthum» und seine Mitarbeiter. Berlin 1912. IV, 216 S.

c) Weltanschauung und Bildungsreich

SCHREMPF, CHRISTOPH: Goethes Lebensanschauung in ihrer geschichtlichen Entwicklung. 2 Bde. Stuttgart 1905–1907. VIII, 196; VII, 323 S.

BOUCKE, EWALD A.: Goethes Weltanschauung auf historischer Grundlage. Stuttgart 1907. XXI, 459 S.

WEINHANDL, FERDINAND: Die Metaphysik Goethes. Berlin 1932. XV, 400 S.

LEISEGANG, HANS: Goethes Denken. Leipzig 1932. XII, 182 S.

SCHAEDER, GRETE: Gott und Welt. Drei Kapitel Goethescher Weltanschauung. Hameln 1947. 424 S.

LOESCHE, MARTIN: Goethes geistige Welt. Stuttgart 1948. 380 S. (Welt und Genius)

DANCKERT, WERNER: Goethe. Der mythische Urgrund seiner Weltschau. Berlin 1951. XXVI, 625 S.

RINTELEN, FRITZ-JOACHIM VON: Der Rang des Geistes. Goethes Weltverständnis. Tübingen 1955. 436 S.

SCHMIDT, KARL: Betrachtungen über Goethes Weltschau. Ein Versuch mit Berücksichtigung des modernen naturwissenschaftlichen Weltbildes. Zürich 1958. 336 S.

DANCKERT, WERNER: Offenes und geschlossenes Leben. Zwei Daseinsaspekte in Goethes Weltschau. Bonn 1963. VII, 136 S.

LOISEAU, HIPPOLYTE: L'évolution morale de Goethe. Les années de libre formation 1749–1794. Paris 1911. XVI. 812 S.

EISSLER, KURT ROBERT: Goethe. A psychoanalytic study, 1775–1786. 2 Bde. Detroit 1963. XXXV, IX, 1538 S.

SUDHEIMER, HELLMUTH: Der Geniebegriff des jungen Goethe. Berlin 1935. VIII, 652 S. (Germanische Studien. 167)

WOLFF, HANS M.: Goethes Weg zur Humanität. Bern 1951. 268 S.

WOLFF, HANS M.: Goethe in der Periode der Wahlverwandtschaften (1802 –1809). München 1952. 272 S.

HARNACK, OTTO: Goethe in der Epoche seiner Vollendung 1805–1832. Versuch einer Darstellung seiner Denkweise und Weltbetrachtung. Leipzig 1887. XLVI, 249 S.

FISCHER, PAUL: Goethes Altersweisheit. Tübingen 1921. XII, 248 S.

HANKAMER, PAUL: Spiel der Mächte. Ein Kapitel aus Goethes Leben und Goethes Welt. Tübingen 1943. 343 S.

FLITNER, WILHELM: Goethe im Spätwerk. Glaube, Weltsicht, Ethos. Hamburg 1947. 323 S. – Neuaufl. Bremen 1957 (Sammlung Dieterich. 175)

SCHRIMPF, HANS JOACHIM: Das Weltbild des späten Goethe. Überlieferung und Bewahrung in Goethes Alterswerk. Stuttgart 1956. 379 S.

SCHMITZ, HERMANN: Goethes Altersdenken im problemgeschichtlichen Zusammenhang. Bonn 1959. X, 584 S.

BODE, WILHELM: Goethes Ästhetik. Berlin 1901. 341 S.

GERSTER, GEORG: Die leidigen Dichter. Goethes Auseinandersetzung mit dem Künstler. Zürich 1954. 282 S.

MENZER, PAUL: Goethes Ästhetik. Köln 1957. 223 S. (Kantstudien. Ergänzungshefte. 72)

EINEM, HERBERT VON: Beiträge zu Goethes Kunstauffassung. Hamburg 1956. 267 S.

JOLLES, MATTHIJS: Goethes Kunstanschauung. Bern 1957. 342 S.

FEDERMANN, ARNOLD: Goethe als bildender Künstler. Stuttgart 1932. 130 S., 60 Taf.

STELZER, OTTO: Goethe und die bildende Kunst. Braunschweig 1949. 192 S., Abb.

BRANDT, HERMANN: Goethe und die graphischen Künste. Heidelberg 1913. X, 130 S. (Beiträge zur neueren Literaturgeschichte. NF. 2)

PRANG, HELMUTH: Goethe und die Kunst der italienischen Renaissance. Berlin 1938. 275 S. (Germanische Studien. 198)

BENZ, RICHARD: Goethe und die romantische Kunst. München 1940. 261 S., 40 Taf.

JOHN, HANS: Goethe und die Musik. Langensalza 1928. VII, 175 S. (Musikalisches Magazin. 73)

MOSER, HANS JOACHIM: Goethe und die Musik. Leipzig 1949. 219 S.

GUTTMANN, ALFRED: Musik in Goethes Wirken und Werken. Berlin 1949. 171 S.

MAAS, ERNST: Goethe und die Antike. Berlin 1912. XI, 655 S.

TREVELYAN, HUMPHRY: Goethe and the Greeks. Cambridge 1941. IX, 325 S. – Dt.: Goethe und die Griechen. Eine Monographie. Hamburg 1949. 398 S.

KELLER, WILLIAM JACOB: Goethe's estimate of the Greek and latin writers. Madison (Wisconsin) 1916. VI, 191 S.

WEGNER, MAX: Goethes Anschauung antiker Kunst. Berlin 1949. 159 S., Abb.

RAUSCH, GEORG: Goethe und die deutsche Sprache. Leipzig 1909. 268 S.

SEILER, JOHANNES: Die Anschauungen Goethes von der deutschen Sprache. Stuttgart 1909. VII, 239 S.

BOYD, JAMES: Goethe's knowledge of English literature. Oxford 1932. XVII, 310 S. (Oxford studies in modern languages and literature)

FEDERMANN, ARNOLD: Der junge Goethe und England. Essays. Berlin 1949. 212 S.

OPPEL, HORST: Das Shakespeare-Bild Goethes. Mainz 1949. 118 S.

NEEDLER, GEORGE HENRY: Goethe and Scott. Toronto 1950. X, 140 S.

BUTLER, ELIZABETH MARIAN: Byron and Goethe. Analysis of a passion. London 1956. XIII, 229 S.

BAUMGARTEN, OTTO: Carlyle und Goethe. Tübingen 1906. XII, 177 S.

LOISEAU, HIPPOLYTE: Goethe et la France. Ce qu'il en a connu, pensé et dit. Paris 1930. 363 S.

ENGEL, HEINZ: Goethe in seinem Verhältnis zur französischen Sprache. Göttingen 1937. VII, 196 S.

BARNES, BERTRAM: Goethe's knowledge of French literature. Oxford 1937. VIII, 172 S. (Oxford studies in modern languages and literature)

SCHAEDER, HANS HEINRICH: Goethes Erlebnis des Ostens. Leipzig 1938. VI, 182 S.

MOMMSEN, KATHARINA: Goethe und 1001 Nacht. Berlin 1960. XXIII, 331 S.

STRICH, FRITZ: Goethe und die Weltliteratur. Bern 1946. 408 S.

SCHÜLKE, HORST: Goethes Ethos. Eine systematische Darstellung der goetheschen Ethik und ein phänomenologischer Vergleich ihrer wesentlichsten Züge mit der christlichen Ethik der Goethezeit. Weimar 1939. 213 S.

KIEHN, LUDWIG: Goethes Begriff der Bildung. Hamburg 1932. VIII, 231 S.

BERGSTRÄSSER, ARNOLD: Goethe's image of man and society. Chicago 1949. XIV, 361 S.

VIËTOR, KARL: Goethes Anschauung vom Menschen. Bern 1960. 105 S. (Dalp-Taschenbücher. 350)

KEFERSTEIN, GEORG: Bürgertum und Bürgerlichkeit bei Goethe. Weimar 1933. XII, 286 S. (Literatur und Leben. 1)

MOMMSEN, WILHELM: Die politischen Anschauungen Goethes. Stuttgart 1948. 313 S.

WEINHANDL, FERDINAND: Das Vermächtnis des Wanderers. Goethes Gedanken über Staat und Gemeinschaft. Klosterneuburg 1956. 108 S. (Stifterbibliothek. 63)

LEHMANN, WALTER: Goethes Geschichtsauffassung in ihren Grundlagen. Langensalza 1930. VIII, 104 S.

FRANZ, LEONHARD: Goethe und die Urzeit. Innsbruck 1949. 192 S., 12 Taf.

OBENAUER, KARL JUSTUS: Goethe in seinem Verhältnis zur Religion. Jena 1921. 233 S.

FRANZ, ERICH: Goethe als religiöser Denker. Tübingen 1932. XI, 286 S.

ZWICKER, HEINZ: Goethe. Wesen und Glaube. Bern 1959. 211 S.

KOCH, FRANZ: Goethes Stellung zu Tod und Unsterblichkeit. Weimar 1932. VII, 336 S. (Schriften der Goethe-Gesellschaft. 45)

RAABE, AUGUST: Das Erlebnis des Dämonischen in Goethes Denken und Schaffen. Berlin 1942. 402 S. (Neue deutsche Forschungen. 314)

SPINNER, HEINRICH: Goethes Typusbegriff. Zürich 1933. 273 S. (Wege zur Dichtung. 16)

GRÜTZMACHER, RICHARD H.: Die Religionen in der Anschauung Goethes. Baden-Baden 1950. 237 S.

MEINHOLD, PETER: Goethe zur Geschichte des Christentums. Freiburg i. B. 1958. XII, 282 S. (Deutsche Klassik und Christentum)

DEUTSCHLÄNDER, LEO: Goethe und das Alte Testament. Frankfurt a. M. 1923. 196 S.

JANZER, GERTRUD: Goethe und die Bibel. Leipzig 1929. 137 S.

MÖBUS, GERHARD: Die Christus-Frage in Goethes Leben und Werk. Osnabrück 1964. 375 S.

RAABE, AUGUST: Goethe und Luther. Bonn 1949. 152 S.

SAENGER, WERNER: Goethe und Giordano Bruno. Bei Beitrag zur Geschichte der Goetheschen Weltanschauung. Berlin 1930. 271 S. (Germanische Studien. 91)

RABEL, GABRIELE: Goethe und Kant. 2 Bde. Wien 1927. XIV, 600 S.

SCHUBERT, JOHANNES: Goethe und Hegel. Leipzig 1933. VIII, 194 S.

MAGNUS, RUDOLF: Goethe als Naturforscher. Vorlesungen ... Leipzig 1906. VIII, 336 S.

Goethe als Seher und Erforscher der Natur. Untersuchungen über Goethes Stellung zu den Problemen der Natur. Hg. von JOHANNES WALTHER. Halle 1930. VIII, 324 S.

WALTHER, JOHANNES: Die Natur in Goethes Weltbild. Leipzig 1932. 104 S.

HILDEBRANDT, KURT: Goethes Naturerkenntnis. Hamburg-Bergedorf 1947. 379 S.

Goethe und die Wissenschaft. Vorträge. Frankfurt a. M. 1951. 171 S.

BUCHWALD, EBERHARD: Naturschau mit Goethe. Stuttgart 1960. 160 S. (Urban-Bücher. 43)

HANSEN, ADOLPH: Goethes Morphologie. (Metamorphose der Pflanzen und Osteologie.) Gießen 1919. 200 S.

SEMPER, MAX: Die geologischen Studien Goethes. Leipzig 1914. XII, 389 S.

GEBHARDT, MARTIN: Goethe als Physiker. Ein Weg zum unbekannten Goethe. Berlin 1932. VIII, 163 S.

GRAY, RONALD D.: Goethe the alchemist. A study of alchemical symbolism in Goethe's literary and scientific works. Cambridge 1952. X, 312 S.

d) Dichtung

BOUCKE, EWALD A.: Wort und Bedeutung in Goethes Sprache. Berlin 1901. XV, 324 S. (Literarhistorische Forschungen. 20)

SCHWEIZER, HANS RUDOLF: Goethe und das Problem der Sprache. Bern 1959. 121 S. (Basler Studien zur deutschen Sprache und Literatur. 23)

BEITL, RICHARD: Goethes Bild der Landschaft. Untersuchungen zur Landschaftsdarstellung in Goethes Kunstprosa. Berlin 1929. XI, 245 S.

KINDERMANN, HEINZ: Goethes Menschengestaltung. Versuch einer literarischen Anthropologie. Bd. 1. Der junge Goethe. Berlin 1932. XIII, 341 S.

BÄUMER, GERTRUD: Das geistige Bild Goethes im Lichte seiner Werke. München 1950. 285 S.

MOENCKEMEYER, HEINZ: Erscheinungsformen der Sorge bei Goethe. Gießen 1954. 199 S. (Beiträge zur deutschen Philologie. 2)

EMMEL, HILDEGARD: Weltklage und Bild der Welt in der Dichtung Goethes. Weimar 1957. 352 S.

MARACHE, MAURICE: Le symbole dans la pensée et l'œuvre de Goethe. Paris 1960. 341 S.

KOCH, ALBERT: Von Goethes Verskunst. (Beiträge zu ihrer Kenntnis.) Essen 1917. 189 S.

HEHN, VIKTOR: Über Goethes Gedichte. Stuttgart 1911. VI, 346 S.

BAUMGART, HERMANN: Goethes lyrische Dichtung in ihrer Entwicklung und Bedeutung. 3 Bde. Heidelberg 1931–1939

FAIRLEY, BARKER: Goethe as revealed in his poetry. London 1932. XI, 210 S. – Neuaufl. New York 1963

BOYD, JAMES: Notes to Goethe's poems. 2 Bde. Oxford 1944–1949. X, 226; X, 272 S.

PEHNT, WOLFGANG: Zeiterlebnis und Zeitdeutung in Goethes Lyrik. Tübingen 1957. 153 S.

KORFF, HERMANN AUGUST: Goethe im Bildwandel seiner Lyrik. 2 Bde. Hanau 1958. 391; 355 S.

ENDERS, HORST: Stil und Rhythmus. Studien zum freien Rhythmus bei Goethe. Marburg 1962. 247 S. (Marburger Beiträge zur Germanistik. 3)

MOMMSEN, KATHARINA: Goethe und Diez. Quellenuntersuchungen zu Gedichten der Divan-Epoche. Berlin 1961. XVIII, 350 S.

BURDACH, KONRAD: Zur Entstehungsgeschichte des West-östlichen Divans. Drei Akademievorträge. Hg. von ERNST GRUMACH. Berlin 1955. 171 S.

MOMMSEN, MOMME: Studien zum West-östlichen Divan. Berlin 1962. 152 S.

LENTZ, WOLFGANG: Goethes Noten und Abhandlungen zum West-östlichen Divan. Hamburg 1958. IX, 176 S.

SCHIFFERDECKER, HANS-JOACHIM: Das mimische Element in Goethes Dramen. Berlin 1928. VIII, 225 S. (Literarhistorische Forschungen. 55)

SENGLE, FRIEDRICH: Goethes Verhältnis zum Drama. Die theoretischen Bemerkungen im Zusammenhang mit seinem dramatischen Schaffen. Berlin 1937. 131 S. (Neue deutsche Forschungen. 116)

VOSER, HANS ULRICH: Individualität und Tragik in Goethes Dramen. Zürich 1949. 171 S.

PEACOCK, RONALD: Goethe's major plays. Manchester 1959. XI, 236 S.

MARTINI, WOLFGANG: Die Technik der Jugenddramen Goethes. Ein Beitrag zur Psychologie der Entwicklung des Dichters. Weimar 1932. 310 S.

MEYER-BENFEY, HEINRICH: Goethes Götz von Berlichingen. Weimar 1929. 183 S.

BRAEMER, EDITH: Goethes Prometheus und die Grundpositionen des Sturm und Drang. Weimar 1959. 378 S. (Beiträge zur deutschen Klassik. Abhandlungen. 8)

SCHELL, HANS: Das Verhältnis von Form und Gehalt in Goethes «Pandora». Würzburg 1939. V, 134 S.

BOYD, JAMES: Goethe's Iphigenie auf Tauris. An interpretation and critical analysis. Oxford 1942. 176 S.

RASCH, WOLFDIETRICH: Goethes «Torquato Tasso». Die Tragödie des Dichters. Stuttgart 1954. 195 S.

BÄNNINGER, VERENA: Goethes Natürliche Tochter. Bühnenstil und Gehalt. Zürich 1957. 130 S. (Zürcher Beiträge zur deutschen Literatur- und Geistesgeschichte. 12)

TRAUMANN, ERNST: Goethes Faust. Nach Entstehung und Inhalt erklärt. 2 Bde. München 1913–1914. X, 459; X, 424 S.

RICKERT, HEINRICH: Goethes Faust. Die dramatische Einheit der Dichtung. Tübingen 1932. XVI, 544 S.

BUCHWALD, REINHARD: Führer durch Goethes Faustdichtung. Erklärung des Werkes und Geschichte seiner Entstehung. Stuttgart 1942. 500 S. (Kröners Taschenausgabe. 183) – 7. Aufl. 1964. XVI, 399 S.

BÖHM, WILHELM: Goethes Faust in neuer Deutung. Ein Kommentar für unsere Zeit. Köln 1949. 348 S.

GILLIES, ALEXANDER: Goethe's Faust. An interpretation. Oxford 1957. VII, 225 S. (Modern language studies)

ATKINS, STUART: Goethe's Faust. A literary analysis. Cambridge (Mass.) 1958. XIII, 290 S.

FRIEDRICH, THEODOR, und LOTHAR JOHANNES SCHEITHAUER: Kommentar zu Goethes Faust. Mit einem Faust-Wörterbuch und einer Faust-Bibliographie. Stuttgart 1959. 407 S. (Reclams Universal-Bibliothek. 7177–7180 a)

KLETT, ADA M.: Der Streit um «Faust II» seit 1900. Chronologisch und nach Sachpunkten geordnet. Mit einer kommentierten Bibliographie. Jena 1939. V, 216 S. (Jenaer germanistische Forschungen. 33)

MAY, KURT: Faust II. Teil. In der Sprachform gedeutet. Berlin 1936. IX, 279 S. – Überarb. Fassung. München 1962. 310 S. (Literatur und Kunst)

EMRICH, WILHELM: Die Symbolik von Faust II. Sinn und Vorformen. Berlin 1943. 560 S. – 2. Aufl. Bonn 1957. 481 S.

DIENER, GOTTFRIED: Fausts Weg zu Helena. Urphänomen und Archetypus. Darstellung und Deutung einer symbolischen Szenenfolge aus Goethes Faust. Stuttgart 1961. 618 S.

HELMERKING, HEINZ: Hermann und Dorothea. Entstehung, Ruhm und Wesen. Zürich 1948. 108 S. (Goethe-Schriften. 4)

JAHN, KURT: Goethes Dichtung und Wahrheit. Vorgeschichte – Entstehung – Kritik – Analyse. Halle 1908. VII, 382 S.

FIERZ, JÜRG: Goethes Porträtierungskunst in «Dichtung und Wahrheit». Leipzig 1945. 102 S. (Wege zur Dichtung. 48)

ROETHE, GUSTAV: Goethes Campagne in Frankreich 1792. Berlin 1919. 383 S.

STEER, ALFRED G.: Goethe's social philosophy. As revealed in «Campagne in Frankreich» and «Belagerung von Mainz». Chapel Hill 1955. XI, 178 S.

RIEMANN, ROBERT: Goethes Romantechnik. Leipzig 1902. VIII, 416 S.

REISS, HANS: Goethes Romane. Berlin 1963. 320 S.

ATKINS, STUART: The testament of Werther. In poetry and drama. Cambridge (Mass.) 1949. XII, 322 S.

WUKADINOVIĆ, SPIRIDION: Goethes «Novelle». Halle 1909. VIII, 128 S.

LUCERNA, CAMILLA: Das Märchen. Goethes Naturphilosophie als Kunstwerk. Leipzig 1910. 191 S.

FRANÇOIS-PONCET, ANDRÉ: Les affinités électives de Goethe. Paris 1910. VII, 276 S. − Dt.: Goethes Wahlverwandtschaften. Versuch eines kritischen Kommentars. Mainz 1951. XIX, 252 S.

GEERDTS, HANS JÜRGEN: Goethes Roman «Die Wahlverwandtschaften». Eine Analyse seiner künstlerischen Struktur, seiner historischen Bezogenheiten und seines Ideengehaltes. Weimar 1958. 222 S. (Beiträge zur deutschen Klassik. Abhandlungen. 6)

BERENDT, HANS: Goethes «Wilhelm Meister». Ein Beitrag zur Entstehungsgeschichte. Dortmund 1911. XII, 155 S.

WUNDT, MAX: Goethes Wilhelm Meister und die Entwicklung des modernen Lebensideals. Berlin 1913. IX, 509 S.

MEYER, EVA ALEXANDER: Goethes Wilhelm Meister. München 1947. 200 S.

SCHLECHTA, KARL: Goethes Wilhelm Meister. Frankfurt a. M. 1953. 250 S.

BERIGER, HANNO: Goethe und der Roman. Studien zu «Wilhelm Meisters Lehrjahre». Zürich 1955. 114 S.

FISCHER-HARTMANN, DELI: Goethes Altersroman. Studien über die innere Einheit von «Wilhelm Meisters Wanderjahre». Halle 1941. 133 S.

HENKEL, ARTHUR: Entsagung. Eine Studie zu Goethes Altersroman. Tübingen 1954. XIII, 171 S. (Hermaea. NF. 3)

GILG, ANDRÉ: «Wilhelm Meisters Wanderjahre» und ihre Symbole. Zürich 1954. 206 S. (Zürcher Beiträge zur deutschen Literatur- und Geistesgeschichte. 9)

e) Wirkung

Goethe im Urtheile seiner Zeitgenossen. Zeitungskritiken, Berichte, Notizen, Goethe und sein Werk betreffend, aus den Jahren 1773–1812. Gesammelt und hg. von JULIUS W. BRAUN. 3 Bde. Berlin 1883–1885

FAMBACH, OSCAR: Goethe und seine Kritiker. Die wesentlichen Rezensionen aus der periodischen Literatur seiner Zeit, begleitet von Goethes eigenen und seiner Freunde Äußerungen zu deren Gehalt. In Einzeldarstellungen. Mit einem Anhang: Bibliographie der Goethe-Kritik bis zu Goethes Tod. Düsseldorf 1953. XII, 460 S.

KINDERMANN, HEINZ: Das Goethe-Bild des XX. Jahrhunderts. Wien 1952. 729 S.

BUCHWALD, REINHARD: Goethezeit und Gegenwart. Die Wirkungen Goethes in der deutschen Geistesgeschichte. Stuttgart 1949. XIII, 368 S.

LEPPMANN, WOLFGANG: Goethe und die Deutschen. Vom Nachruhm eines Dichters. Stuttgart 1962. 296 S. (Sprache und Literatur. 3)

CARRÉ, JEAN-MARIE: Goethe en Angleterre. Paris 1920. XVIII, 300 S.

BALDENSPERGER, FERNAND: Goethe en France. Étude de littérature comparée. Paris 1904. 392 S.

RUKSER, UDO: Goethe in der hispanischen Welt. Stuttgart 1958. 235 S.

NAMENREGISTER

Die kursiv gesetzten Zahlen bezeichnen die Abbildungen

QUELLENNACHWEIS DER ABBILDUNGEN

Neue Pinakothek, München: Umschlag-Vorderseite / Historia-Photo, Bad
Sachsa: 6, 11, 17, 30, 38, 96, 102, 105, 111, 113, 126, 128 rechts, 151 / Pri-
vatbesitz Bloomington, Indiana: 10, 13, 15, 54, 56, 68, 70, 73, 74, 81, 87, 114,
124, 132, 135, 139 / Goethe-Museum, Düsseldorf: 18/19, 44, 52/53, 94, 145
/ Historisches Bildarchiv Lolo Handke, Bad Berneck: 22, 34, 47, 49, 119,
123, 131, 144 / Aus ‹La Vie de Goethe en image›: 24/25 / Archiv für Kunst
und Geschichte, Berlin: 26, 36, 43, 50, 76/77, 79, 116, 120/121, 128 links,
129, 150 / Nationale Forschungs- und Gedenkstätten der klassischen deutschen Literatur in Weimar: 29, 64, 66, 82, 85, 90, 99, 106, 108, 117, 142,
147 / Hessisches Landesmuseum, Darmstadt: 32 / Freies Deutsches Hochstift, Frankfurt am Main: 40, Umschlag-Rückseite / Aus ‹Park um Weimar
– Bilder von Günther Beyer. Hermann Böhlaus Nachfolger, Weimar 1958›:
58 / Ullstein Bilderdienst, Berlin: 61, 63, 138 / Schiller-Nationalmuseum,
Marbach am Neckar: 91, 92/93 / Beethoven-Haus, Bonn: 109

rowohlts

mono

IN SELBSTZEUGNISSEN
UND BILDDOKUMENTEN
HERAUSGEGEBEN
VON KURT KUSENBERG

graphien

RAABE / Hans Oppermann [165]
RILKE / Hans Egon Holthusen [22]
ERNST ROWOHLT / Paul Mayer [139]
SAINT-EXUPÉRY / Luc Estang [4]
SARTRE / Walter Biemel [87]
SCHILLER / Friedrich Burschell [14]
F. SCHLEGEL / Ernst Behler [123]
SHAKESPEARE / Jean Paris [2]
G. B. SHAW / Hermann Stresau [59]
SOLSCHENIZYN / R. Neumann-Hoditz [210]
STIFTER / Urban Roedl [86]
STORM / Hartmut Vinçon [186]
DYLAN THOMAS / Bill Read [143]
TRAKL / Otto Basil [106]
TUCHOLSKY / Klaus-Peter Schulz [31]
MARK TWAIN / Thomas Ayck [211]
VALENTIN / Michael Schulte [144]
WALTHER VON DER VOGELWEIDE / Hans-Uwe Rump [209]
WEDEKIND / Günter Seehaus [213]
OSCAR WILDE / Peter Funke [148]

PHILOSOPHIE

ENGELS / Helmut Hirsch [142]
ERASMUS VON ROTTERDAM / Anton J. Gail [214]
GANDHI / Heimo Rau [172]
HEGEL / Franz Wiedmann [110]
HEIDEGGER / Walter Biemel [200]
HERDER / Friedr. W. Kantzenbach [164]
HORKHEIMER / Helmut Gumnior u. Rudolf Ringguth [208]
JASPERS / Hans Saner [169]
KANT / Uwe Schultz [101]
KIERKEGAARD / Peter P. Rohde [28]
GEORG LUKÁCS / Fritz J. Raddatz [193]
MARX / Werner Blumenberg [76]
NIETZSCHE / Ivo Frenzel [115]
PASCAL / Albert Béguin [26]
PLATON / Gottfried Martin [150]
ROUSSEAU / Georg Holmsten [191]
SCHLEIERMACHER / Friedrich Wilhelm Kantzenbach [126]
SCHOPENHAUER / Walter Abendroth [133]
SOKRATES / Gottfried Martin [128]
SPINOZA / Theun de Vries [171]
RUDOLF STEINER / J. Hemleben [79]

VOLTAIRE / Georg Holmsten [173]
SIMONE WEIL / A. Krogmann [166]

RELIGION

SRI AUROBINDO / Otto Wolff [121]
KARL BARTH / Karl Kupisch [174]
JAKOB BÖHME / Gerhard Wehr [179]
MARTIN BUBER / Gerhard Wehr [147]
BUDDHA / Maurice Percheron [12]
EVANGELIST JOHANNES / Johannes Hemleben [194]
FRANZ VON ASSISI / Ivan Gobry [16]
JESUS / David Flusser [140]
LUTHER / Hanns Lilje [98]
MÜNTZER / Gerhard Wehr [188]
PAULUS / Claude Tresmontant [23]
TEILHARD DE CHARDIN / Johannes Hemleben [116]

GESCHICHTE

ALEXANDER DER GROSSE / Gerhard Wirth [203]
BAKUNIN / Justus Franz Wittkop [218]
BEBEL / Helmut Hirsch [196]
BISMARCK / Wilhelm Mommsen [122]
CAESAR / Hans Oppermann [135]
CHURCHILL / Sebastian Haffner [129]
FRIEDRICH II. / Georg Holmsten [159]
FRIEDRICH II. VON HOHENSTAUFEN / Herbert Nette [222]
CHE GUEVARA / Elmar May [207]
GUTENBERG / Helmut Presser [134]
HO TSCHI MINH / Reinhold Neumann-Hoditz [182]
W. VON HUMBOLDT / Peter Berglar [161]
KARL DER GROSSE / Wolfgang Braunfels [187]
LASSALLE / Gösta v. Uexküll [212]
LENIN / Hermann Weber [168]
LUXEMBURG / Helmut Hirsch [158]
MAO TSE-TUNG / Tilemann Grimm [141]
NAPOLEON / André Maurois [112]
RATHENAU / Harry Wilde [180]
SCHUMACHER / H. G. Ritzel [184]
STALIN / Maximilien Rubel [224]
TITO / Gottfried Prunkl u. Axel Rühle [199]
TROTZKI / Harry Wilde [157]

Bereits über 200 Bände